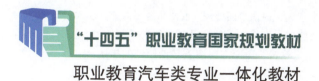

"十四五"职业教育国家规划教材

职业教育汽车类专业一体化教材

汽车涂装技术

主　编　王　建
副主编　赵友财　余霜霜
参　编　刘康俊　王　寻　杨安吉　梁　超

机械工业出版社

本书是"十四五"职业教育国家规划教材。

本书内容主要包括涂装技术基础、损伤表面处理、底漆与腻子的施工、遮蔽、中涂底漆、调色、面漆及施工、涂装常见问题及其对策、塑料件的涂装九个项目。本书为理实一体化教材，理论方面注重基础原理的描述，实训方面注重培养学生基础实操能力和基本素养。

本书可作为职业教育汽车车身修复专业的教学用书，同时也适合汽车类相关专业人员学习使用。

为方便教学，本书配有电子课件，凡选用本书作为授课教材的教师均可登录www.cmpedu.com以教师身份注册下载课件，或来电咨询：010-88379201。

图书在版编目（CIP）数据

汽车涂装技术/王建主编．—北京：机械工业出版社，2018.9（2025.1重印）

职业教育汽车类专业一体化教材

ISBN 978-7-111-60875-2

Ⅰ. ①汽… Ⅱ. ①王… Ⅲ. ①汽车-涂漆-职业教育-教材 Ⅳ. ①U472.44

中国版本图书馆CIP数据核字（2018）第208727号

机械工业出版社（北京市百万庄大街22号　邮政编码100037）
策划编辑：师　哲　　责任编辑：师　哲
责任校对：王　延　　封面设计：路恩中
责任印制：单爱军
北京虎彩文化传播有限公司印刷
2025年1月第1版第12次印刷
184mm×260mm·9印张·205千字
标准书号：ISBN 978-7-111-60875-2
定价：39.50元

电话服务　　　　　　　　网络服务
客服电话：010-88361066　　机　工　官　网：www.cmpbook.com
　　　　　010-88379833　　机　工　官　博：weibo.com/cmp1952
　　　　　010-68326294　　金　书　网：www.golden-book.com
封底无防伪标均为盗版　　　机工教育服务网：www.cmpedu.com

关于"十四五"职业教育
国家规划教材的出版说明

为贯彻落实《中共中央关于认真学习宣传贯彻党的二十大精神的决定》《习近平新时代中国特色社会主义思想进课程教材指南》《职业院校教材管理办法》等文件精神，机械工业出版社与教材编写团队一道，认真执行思政内容进教材、进课堂、进头脑要求，尊重教育规律，遵循学科特点，对教材内容进行了更新，着力落实以下要求：

1. 提升教材铸魂育人功能，培育、践行社会主义核心价值观，教育引导学生树立共产主义远大理想和中国特色社会主义共同理想，坚定"四个自信"，厚植爱国主义情怀，把爱国情、强国志、报国行自觉融入建设社会主义现代化强国、实现中华民族伟大复兴的奋斗之中。同时，弘扬中华优秀传统文化，深入开展宪法法治教育。

2. 注重科学思维方法训练和科学伦理教育，培养学生探索未知、追求真理、勇攀科学高峰的责任感和使命感；强化学生工程伦理教育，培养学生精益求精的大国工匠精神，激发学生科技报国的家国情怀和使命担当。加快构建中国特色哲学社会科学学科体系、学术体系、话语体系。帮助学生了解相关专业和行业领域的国家战略、法律法规和相关政策，引导学生深入社会实践、关注现实问题，培育学生经世济民、诚信服务、德法兼修的职业素养。

3. 教育引导学生深刻理解并自觉实践各行业的职业精神、职业规范，增强职业责任感，培养遵纪守法、爱岗敬业、无私奉献、诚实守信、公道办事、开拓创新的职业品格和行为习惯。

在此基础上，及时更新教材知识内容，体现产业发展的新技术、新工艺、新规范、新标准。加强教材数字化建设，丰富配套资源，形成可听、可视、可练、可互动的融媒体教材。

教材建设需要各方的共同努力，也欢迎相关教材使用院校的师生及时反馈意见和建议，我们将认真组织力量进行研究，在后续重印及再版时吸纳改进，不断推动高质量教材出版。

机械工业出版社

preface 前言

本书结合我国汽车车身修复专业领域技能型紧缺人才的实际需求情况，借鉴国内外先进的职业教育理念、模式和方法，并参照相关的国家职业标准和行业的职业技能鉴定规范及中级技术工人等级考核标准，对车身修复的教学内容和教学方法进行了大胆的改革。

本书是由从事多年职业教育教学工作的一线骨干教师和学科带头人通过对汽车喷涂工岗位群的调研，对其职业能力进行分析，研究总结出汽车车身涂装人才培养方案，并在企业、行业专家参与下编写而成的。

本书的主要特点如下：

1. 内容新颖，以新技术、新工艺和新装备为主。
2. 叙述时文字简练、通俗易懂。
3. 尽量采用图文并茂的编排形式。
4. 每个任务均采用先理论后实践，现学现做的教学形式。

本书理论方面注重基础原理的描述，实训方面注重培养学生基础实操能力和基本素养。

本书主要包括涂装技术基础、损伤表面处理、底漆与腻子的施工、遮蔽、中涂底漆、调色、面漆及施工、涂装常见问题及其对策、塑料件的涂装九个项目，每个项目包括若干个任务。

本书由贵阳市交通学校王建担任主编，贵阳市交通学校赵友财、贵州电子信息技师学院余霜霜担任副主编。参编成员有贵阳市交通学校刘康俊、贵州交通技师学院王寻，贵州电子信息技师学院杨安吉，重庆立信职业教育中心梁超。具体编写分工如下：王建（项目三，项目五，项目六的任务三、任务四和任务五，项目七）、赵友财（项目四）、余霜霜（项目八）、刘康俊（项目一）、王寻（项目二）、梁超（项目六的任务一和任务二）、杨安吉（项目九）。

由于编者水平有限，书中难免有不妥之处，恳请广大读者批评指正。

编 者

二维码清单

名　　称	图　　形	名　　称	图　　形
防毒面具的佩戴		侧窗玻璃的遮蔽	
防毒面具的维护		中涂底漆的喷涂工艺	
防毒面具的密封性测试		中涂底漆的特性	
砂纸		调配中涂底漆	
刮原子灰		色漆的调配	

contents 目录

前言

二维码清单

项目一　涂装技术基础 ·· 1
　　任务一　车身涂装行业概述 ··· 2
　　任务二　涂装的危害与个人防护 ··································· 5
项目习题 ··· 15

项目二　损伤表面处理 ·· 17
　　任务一　损伤处理的评估 ··· 18
　　任务二　损伤区处理 ·· 22
项目习题 ··· 31

项目三　底漆与腻子的施工 ·· 33
　　任务一　底漆的概述 ·· 34
　　任务二　腻子的施工 ·· 37
项目习题 ··· 45

项目四　遮蔽 ··· 47
　　任务　遮蔽的施工 ·· 48
项目习题 ··· 52

项目五　中涂底漆 ··· 53
　　任务　中涂底漆的施工 ··· 54
项目习题 ··· 63

项目六　调色 ··· 65
　　任务一　涂料的理论知识 ··· 66
　　任务二　颜色的基础知识 ··· 71
　　任务三　溶剂型素色漆的调色 ··· 78
　　任务四　金属漆的调色 ·· 80
　　任务五　水性漆的调色 ·· 87

项目习题 ··· 89

项目七　面漆及施工 ··· 92
　　任务一　面漆的概述 ··· 93
　　任务二　面漆的施工 ··· 97

项目习题 ··· 107

项目八　涂装常见问题及其对策 ·· 108
　　任务　常见漆膜缺陷及其防治 ··· 109

项目习题 ··· 114

项目九　塑料件的涂装 ·· 116
　　任务一　汽车塑料件的概述 ·· 117
　　任务二　塑料件的涂装施工 ·· 121

项目习题 ··· 128

项目习题答案 ··· 129

参考文献 ··· 133

项目一
涂装技术基础

项目描述

通过本项目的学习,使学生熟悉车身涂装行业发展状况,了解车身涂装行业生产流程,掌握涂装作业的个人安全防护。

任务一 车身涂装行业概述

任务目标

1. 了解车身涂装行业的发展概况。
2. 了解涂装工艺的发展。

任务描述

某车身涂装企业将接受记者的专访,要做一个关于涂装行业发展的专栏,于是要求车间某工作人员进行准备和总结。

知识储备

一、涂装及车身涂装行业的发展情况

涂装是现代产品制造工艺中的重要环节之一。从广义上来说,涂装即是通过对金属或者非金属表面进行处理,使之覆盖上具有保护或装饰功能的涂层的工艺;从狭义上讲,涂装是指将涂料涂布到清洁的或是经过处理的物品表面,再经过干燥成膜的过程。但不管是从广义上还是从狭义上,涂装的实施,使得汽车具备了让人喜爱的色彩,提升了汽车本身的价值,同时又提高了车身及其零部件的耐蚀性,延长了使用寿命,通过涂装这一工艺,实现了对产品的防锈、防腐蚀和装饰的要求,从而对产品的全面质量控制的实现和提高,以及产品价值的提升,起到了极大的作用。因此,车身涂装已经成为汽车制造业最主要的工艺之一。

从汽车行业来说,汽车车身的涂装,是指对经过处理的汽车(包括轿车、客车、载重汽车、工程车辆、农用车和摩托车等)的车身表面、内部和底盘等部位使用涂料进行涂覆,并经过干燥成膜过程的工艺。涂装的实施,对汽车起到了防护、装饰、标识,或者一些特殊的功能(如防振、隔热和消声等)的作用。

汽车车身的涂装工艺,从通常意义上来说,可以分为两类:一类是在汽车生产企业(如汽车制造厂和汽车零部件生产厂)进行的涂装,它们根据汽车车身或者零部件的材料来选取相应的漆料进行涂装(如金属件选用高温漆,塑料件选用低温漆);另一类是在汽车维修企业(如4S店、维修站和修理厂等)进行的涂装,它们针对发生事故或者车身漆面受损的汽车车身某部分或车身零部件,或者是需要重新喷涂的车身,按材料来选取相应的涂料和方法进行涂装(如对钢板、铝合金板、塑料板,就应选取相应的涂料和方法来实施涂装,而这些方法不能在这几种材料之间相互通用)。即汽车车身的涂装工艺,可以分为新车涂装和修复涂装两类。

对汽车制造厂和零件生产厂而言,因为生产的产品数量巨大、工艺统一,现在基本是以自动化流水作业线的机器人进行喷涂，这样既降低了生产成本，又提高了生产率，保障了产品质量的稳定性。而对汽车维修企业来说，由于面对的待处理车、事故车或受损车，厂家、型号和颜色不同，受损情况千差万别，损伤位置各不相同，修复所需要用到的材料也各有不同，而无法实现自动化作业，只能够依靠人工对受损车辆进行精密、精确的整形、涂装修复。因为所面对的生产情况复杂多变，所以汽车维修企业对于喷涂维修技师的要求，要远高于汽车生产企业中的涂装技师以及修补技师。虽然现在的车身修复作业可以使用打磨机、喷枪和抛光机等工具，极大地降低了维修人员在修复过程中的劳动强度，但因手工工具的操作使用和修复效果完全取决于操作者的熟练程度和技术水平。所以，喷涂修补技术一直是一个技术含量高、社会认可度高、收入也相当可观的职业。

二、汽车涂装的发展演变

1. 汽车涂装技术的发展概况

汽车从发明诞生至今，已有超过100年的历史了。从世界第一辆蒸汽驱动汽车的发明，到现在满大街随处可见的现代汽车，汽车车身涂装的技术与要求也在随着现代汽车制造业的发展而不断进步。一般而言，现代汽车车身涂装（新车出厂）的涂层按照从内到外的次序依次包括电泳底漆层、中涂底漆层和面漆层三层。对于有密封要求的焊缝部位，在电泳底漆与中涂底漆之间还要加涂PVC，以提高这些区域的密封性和耐蚀性。为了适应用户对汽车外观质量越来越多样化的要求，汽车车身涂装的漆前处理、底漆阴极电泳工艺已实现全自动化，中涂与面涂工艺也基本实现了静电自动喷涂、计算机智能化控制。

汽车车身涂装的发展，也经历了从无涂层到有涂层，再到有了明确的功能划分的四涂层的过程，即"漆前处理—电泳—中涂—面漆"，作业内容不断丰富，以满足人们精益求精的品质追求。

在19世纪末20世纪初，早期的汽车或者没有涂刷油漆，或者仅仅在需要保护的部位简单涂上一层油漆，并且因为天然漆料干燥成膜时间较长，通常都需要一个月左右的时间，才能够完成一部汽车的涂刷上漆。直到1924年，随着硝基漆的发明使用涂装生产的周期大大缩短，这是因为这种漆料相对于天然漆料使用简单，干燥快速。"二战"后，随着合成树脂被人们发现具有优良的涂敷性能，且人工制取很方便，因此取代了硝基漆，得到了广泛的应用。到了20世纪60年代，电泳底漆、氨基高温烤漆、聚氨酯高温烤漆的发明和应用，进一步提高了漆膜的亮度、硬度以及耐候性，使得汽车车身涂层更具有观赏性，也更不容易被破坏。到了20世纪70年代，聚氨基丙烯酸汽车修补漆的研发，使得修补汽车车身涂层的光泽、亮度、耐候性和整体质量足以跟原厂汽车漆媲美，从而使得事故车的外观得以修复如新，而新车的车身涂层个性化喷涂喷绘，也迎来了巨大的市场。计算机智能化控制技术等高科技在车身涂装行业的应用，使汽车车身涂装成为高度自动化和现代化的工艺。涂层质量（外观装饰性和耐蚀性等）也跟上了时代潮流的要求，涂层质地（外观装饰性、耐蚀性、抗擦伤性等）得到了显著提高，使得车身的保用期达到，甚至超过了汽车本身的使用寿命。到了20世纪70年代末80年代初，伴随着人们对环境污染危害认识的提升，对环保要求的不断提高，"节能""环保"已成为各行各业的共识，不再仅仅只是流于形式。随着PPG公司率先发布水性涂料，涂装业开始推行涂料低危害、无危害的要求；在欧美等发达国家和地区，新的涂装生产线已经推广普及了环保型材料的应用。我国的部分汽车公司已经开始应用水性中涂底漆和水性面漆。相信在不久的将来，一定能够实现车身涂装行业的全程安全无危害。

纵观我国的汽车涂装技术发展史，也是我国汽车的发展史，它大致可以划分为三个阶段。但是从严格意义上来讲，这个历史的起点，应该是始于1953年一汽建厂。1953—1979年，可以说是我国涂装发展史的第一阶段。这个阶段，我国依托苏联技术，装备完成了一汽"解放"牌载重汽车车身及零部件的涂装生产线。1980—1989年，则是我国涂装发展史的第二阶段。在这个阶段，随着改革开放的春风吹遍了大江南北，我国的一汽、二汽和济汽三家汽车制造厂从英国 Haden Drysys 公司引进驾驶室涂装技术（包含当时先进的浸式磷化处理、阴极电泳等技术），建成了多条车身涂装线。并通过对涂装线技术的学习和消化，带动了我国汽车制造企业涂装技术的进一步发展。从1990年至今，是我国涂装发展史的第三阶段。随着改革开放的深入发展，我国的汽车企业也从合资企业引进全套轿车车身涂装技术（涂层标准、涂装工艺），承建了几十条现代化轿车车身涂装线。

2. 几种汽车涂装技术的新工艺

从20世纪90年代至今的短短30多年时间里，在节能和环保的要求下，涂装工艺也涌现出一些新技术新工艺，它们主要体现在环保型涂装材料的应用，减少废水、废渣的排放，降低成本，优化汽车生产过程等几个方面。由于涂装材料的进步，车身涂层体系的设计也有了革命性的进展，比如逆过程工艺、二次电泳工艺、一体化涂装工艺等。

当然，因为涂装对环境的危害性在汽车制造四大工艺之中是最严重的，目前，车身涂装行业面临主要的发展问题，是如何实现环境保护（或者说是降低对环境的危害）的同时，又满足涂层的性能要求，降低生产成本，提高生产率。

1. 任务准备

任务所需的资料、设备和工具见表1-1。

表1-1　任务准备

所需资料	《汽车涂装技术》项目一 任务一
所需材料	无
所需装备	无

2. 完成下列各项任务

根据知识储备内容并查阅相关资料，叙述车身涂装行业发展的历程。

1. 小组评价（表1-2，总分50分）

表 1-2 小组评价表

操作项目	考核内容	评分标准	配分	扣分	得分
考前准备	作业时着装整齐,防护齐备,一次性备齐所需工具	酌情扣分	5 分		
操作步骤	1) 部件的安全防护 2) 设备及工具使用正确 3) 流程符合工艺规范 4) 记录结果并进行分析	某项未做不给分,操作方法不当扣 2 分	25 分		
文明操作	操作有序、规范	酌情扣分	5 分		
安全操作	无机具、人身事故	酌情扣分	10 分		
7S 管理	整理工具、清洁场地	酌情扣分	5 分		
	总计				

2. 教师总体评价（总分 50 分）

学生评价	
教学效果	
教学不足	
整改措施	

任务二 涂装的危害与个人防护

任务目标

1. 掌握涂装作业的个人安全防护措施。
2. 熟悉安全标识的意义。

 任务描述

汽车涂装工胡师傅最近发现自己有咳嗽、容易疲劳、头疼、胸闷和四肢无力等症状,后发现胡师傅在从事汽车涂装作业时未采取任何防护措施,而且工作现场环境通风较差。经医院检查确认胡师傅出现病症与其在进行涂装作业时未采取任何防护措施有很大关系。

 知识储备

汽车涂装的整个过程会产生很多影响人体健康的不利因素,例如涂装过程中使用的除锈剂、脱脂剂、脱漆剂、喷砂的尘雾、打磨的粉尘、涂料、溶剂、稀释剂、固化剂或各种添加剂等,有的具有较强的腐蚀性,有的则会产生有毒有害的气体或粉尘,通过呼吸系统等进入人的身体,直接侵害涂装操作人员的身体健康,对人体的呼吸系统、生殖系统、神经系统、血液系统和皮肤等均会造成不同程度的伤害。这就要求在工作前一定要做好卫生与防护工作,改善工作条件,避免有害物质危害职工的身体健康,并防止职业病的发生。

一、涂料的毒性、粉尘的危害,以及涂装作业过程中的有害物质

1. 毒性的概念

所谓毒性(Toxicity),又称为生物有害性,一般是指外源化学物质与生命机体接触,或进入生物活体体内后,能引起直接或间接损害作用的相对能力,或简称为损伤生物体的能力。也可简单表述为,外源化学物在一定条件下损伤生物体的能力。

通常把由药物毒性引起的机体损害称为中毒。对于大量毒药迅速进入人体,很快引起中毒甚至死亡的情况,称为急性中毒;对于少量毒药逐渐进入人体,经过较长时间积蓄而引起的中毒,称为慢性中毒。此外,药物的致癌、致突变、致畸等作用,则称为特殊毒性。相对而言,能够引起机体毒性反应的药物则称为毒药。

但是,外源化学物毒性的大小仅具有相对意义。在一定意义上,只要达到一定的数量,任何物质对机体都具有毒性,如果低于一定数量,任何物质都不具有毒性,关键是此种物质与机体的接触量、接触途径、接触方式及物质本身的理化性质,但在大多数情况下与机体接触的数量都是决定性因素。

通常所讲的涂料的毒性,主要是由于涂料所含的溶剂、颜料和部分基料等里面的有毒物质(多为有机物)造成的。溶剂按照毒性的不同分为有毒溶剂和有害溶剂两大类,共七个等级,有机溶剂毒性分级见表1-3。

表1-3 有机溶剂毒性分级

有机溶剂毒性类别	毒性损害	所属溶剂名称
神经毒性	中毒性神经衰弱和植物神经功能紊乱	脂肪烃(正己烷、戊烷、汽油)、芳香烃(苯、苯乙烯、丁基甲苯、乙烯基甲苯)、氯化烃(三氯乙烯、二氯甲烷),以及二硫化碳、磷酸三邻甲酚等脂溶性较强的溶剂等
	中毒性末梢神经炎	
	中毒性脑病	二硫化碳、苯、汽油等有机溶剂的严重急、慢性中毒
血液毒性	抑制骨髓造血功能	以芳香烃,特别是苯最常见
肝肾毒性	脂肪肝和肝细胞坏死	多见于氯代烃类有机溶剂,如氯仿、四氯化碳、三氯乙烯、四氯乙烯、三氯丙烷、二氯乙烷等中毒
皮肤黏膜刺激	刺激皮肤黏膜	以酮类和酯类为主

2. 粉尘的危害

生活在城市中，随时都被各种各样的固体颗粒悬浮物所包围着，这些悬浮在空气中的固体颗粒悬浮物统称为粉尘。最近几年，部分城市常会出现雾霾，这里说的霾，其实就是空气中的粉尘，只不过数量比较大。

通常，按照固体颗粒的体积大小，把粉尘分为可吸入性粉尘、胸腔性粉尘和可呼吸性粉尘三种，并把它们统称为可引起呼吸性危害的固体颗粒。可吸入性粉尘为能在整个呼吸道沉积的固体颗粒（直径 >10μm），胸腔性粉尘可经过咽喉到达气管、支气管（直径在 5~10μm），可呼吸性粉尘可透过末端支气管进入肺泡区（直径 <5μm）。

3. 涂装作业过程中的有害物质

表 1-4 列出了涂装作业过程中所产生的有害物质及其来源。显而易见，其中的苯类、醛类、酯类、醇类、胺类、酮类、重金属以及金属盐（主要是有机易挥发物质、重金属及金属盐）等都是对人体有不同程度危害的物质。既然知道了它们的来源，就可以更有效地保护好自己，提前做好安全防护措施，把危害降到最低。

表 1-4　涂装作业过程中所产生的有害物质及其来源

种　类	主 要 来 源	主 要 成 分
废水	① 脂、酸洗、磷化等前处理	酸液、碱液及重金属盐类
	② 喷漆房排出的废水	颜料、填料、树脂、有机溶剂
	③ 浸涂、打磨腻子等冲洗水	
废气	① 调漆房排出的废气	①②③均含有甲苯、酯类、醇类、酮类，②③含有有机溶剂、涂料热分解产物以及反应生成物（醛类、胺类）
	② 喷漆房排出的废气	
	③ 烤漆房排出的废气	
废渣	① 化后沉渣	金属盐类
	② 溶性涂料产生的淤渣	树脂、颜料、填料
	③ 废旧漆渣、漆料变质	

4. 涂装作业过程中的有害物质对人体的伤害

在涂装作业中，可能接触到粉尘，一些有毒有害的液体、气体、重金属和有机溶剂，在不做好防护的状态下，它们会对身体健康造成暂时性的或者永久性的伤害。但是只要了解它们的来源以及其是如何对身体造成伤害的，然后做好防护措施，从根源上切断这些有毒有害物质伤害我们的途径，就可以保护身体健康。

其中，粉尘主要来源于打磨过程。

重金属、金属盐类主要来源于喷涂过程中所使用的溶剂、颜料及喷漆前处理工序。

气体主要来源于烤漆房（修理厂和4S店）、喷漆室、烤漆室、烘干室（汽车制造厂）。

刺激性的气体可以伤害视觉，导致视力模糊、眼角膜受损和患白内障等，严重的还会导致暂时性甚至永久性的失明等。

粉尘和有毒的气体可以伤害呼吸系统，导致鼻膜受损、鼻中隔穿孔、支气管发炎、肺部肿大、肺部发炎、口腔味觉错乱和胸膜发炎等。

刺激性的气体和液体可以伤害皮肤，导致皮肤过敏，严重的可引起皮疹和皮肤溃烂等。

涂料中的重金属和有机溶剂可以伤害神经系统，导致大脑麻木、反应迟钝、感觉弱化、体力下降和肌肉萎缩无力等，如图1-1所示。

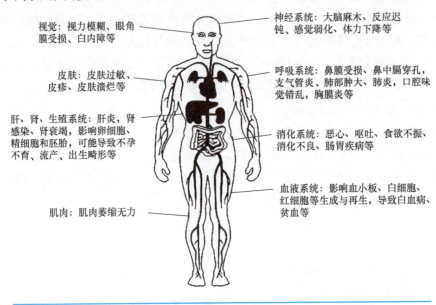

▲ 图1-1 涂装作业中人体各部位可能受到的伤害

二、涂装安全防护

1. 涂装过程中的防护

为了自身的身体健康与安全，必须在涂装过程中做好个人的安全防护工作。当然，在这之前，首先要做到以下几点：有慢性肺病或呼吸系统疾病者，应避免接触漆料及有关产品；避免皮肤和呼吸系统长期或重复接触漆雾、溶剂和挥发性物体；穿戴适当的防毒面罩、眼罩和工作服；喷涂时，应遵守各种设备的操作规范和要求；在使用双组分（2K）的产品时，更应该注意其所列出的有关安全要求和防护设施。

一般而言，进入涂装场所都应当穿戴好防护用品，诸如护目镜、防化服、手套和防尘口罩等。下面来看看整个涂装过程，从板件的清洁脱脂、刮涂腻子、打磨、调漆、喷漆、清洗喷枪到最后的抛光打蜡，对于个人安全防护的要求，详见表1-5。

表1-5 涂装过程的安全防护要求

序号	工序名称	有害成分	损害分析	个人防护措施	基本保护
1	清洁脱脂	有机溶剂	呼吸	防尘口罩	通风良好的环境、安装排气系统的操作间
			飞溅	抗溶剂手套	
			皮肤	防化服	
			眼睛	护目镜	

（续）

序号	工序名称	有害成分	损害分析	个人防护措施	基本保护
2	刮涂腻子	苯乙烯、过氧化物	呼吸	防护有机气体口罩	通风良好的环境、安装排气系统的操作间
			眼睛	护目镜	
			皮肤	手套、防化服	
3	打磨	粉尘及微粒	呼吸	防尘口罩	通风良好的环境、真空吸尘装置
			眼睛	护目镜	
			皮肤	手套、防化服	
4	调漆	有机溶剂、异氰酸盐、合成树脂	呼吸	防护有机气体口罩	通风良好的环境、安装排气系统的操作间
			飞溅	抗溶剂手套	
			皮肤	防化服	
			眼睛	护目镜	
5	喷漆	油漆漆雾中可能含有：铅、锌等重金属，有机溶剂、铬酸盐、异氰酸盐、合成树脂	呼吸	空气式面罩	装置排气系统的喷涂间
			飞溅	抗溶剂手套	
			皮肤	抗静电工作服	
			眼睛	护目镜	
6	清洗喷枪	有机溶剂、异氰酸盐、合成树脂	呼吸	防护有机气体口罩	通风良好的环境、安装排气系统的操作间
			飞溅	抗溶剂手套	
			皮肤	防化服	
			眼睛	护目镜	
7	抛光打蜡	有机硅酮化合物、灰尘及微粒	呼吸	防护有机气体口罩	通风良好的环境、安装排气系统的操作间
			飞溅	抗溶剂手套	
			皮肤	防化服	
			眼睛	护目镜	

注：所有工作场所均禁止饮食或吸烟！

2. 涂装常用劳动防护用具简介

在从事涂装作业的过程中，应当始终贯彻"安全第一，预防为主"的精神，要把做好劳动防护放在第一位，针对不同的工作情况和环境，有针对性地穿戴好相应的劳动防护用具。车身涂装行业劳动防护分为呼吸系统的防护、头部的防护、眼睛的防护、耳朵的防护、手的防护、脚的防护和身体的防护。

（1）**呼吸系统的防护** 所谓呼吸系统的防护，是指防止粉尘或有毒气体对人体呼吸系统造成伤害。肺部器官及组织的伤害通常是很严重且无法复原的，而且尘埃越微小，越容易进入支气管末端，杀伤力越大。在涂装过程中，磨料的粉尘、腐蚀性溶液和溶剂所蒸发的气体、喷涂时产生的漆雾等都会给呼吸系统带来危害。即使在通风良好的环境下，作业者仍然需要佩戴呼吸保护器。车身涂装行业主要采用防尘口罩、过滤式呼吸保护器、供气式呼吸保护器对呼吸系统进行防护。

1）防尘口罩。如图1-2所示，防尘口罩可以防止喷砂作业过程中粉尘的吸入，但是防护效果不如过滤式呼吸保护器和供气式呼吸保护器，仅能提供简单防护。

2）过滤式呼吸保护器。如图1-3所示，过滤式呼吸保护器由一个适应人的脸型并具有密封作用的橡胶面具构成，包括可拆卸的前置过滤器和滤筒，可以滤去空气中的溶剂和喷雾，另外，过滤式呼吸保护器还有进、排气阀门，以保证呼吸的顺畅。

▲ 图1-2 防尘口罩

当出现呼吸困难时，应更换前置过滤器。

3）供气式呼吸保护器。如图1-4所示，供气式呼吸保护器由一台小型无油空气泵来给帽盔式呼吸保护器提供所需要的空气，空气泵的空气入口必须置于空气清洁、远离喷漆处的场所。供气式呼吸保护器可以防止吸入氰酸盐漆蒸气和喷雾引起过敏和中毒等。

▲ 图1-3 过滤式呼吸保护器

a)   b)

▲ 图1-4 供气式呼吸保护器
a) 半面式供气面罩　b) 全面式供气面罩

（2）头部的防护　安全帽作为一种个人头部防护用品，能有效地防止和减轻操作人员在生产作业中遭受坠落物体或自己坠落时对头部的伤害。

安全帽按照材料的不同可以分为塑料安全帽、玻璃钢安全帽、橡胶安全帽、竹编安全帽、金属安全帽和纸胶安全帽。

安全帽按照适用场合的不同可以分为普通安全帽和特殊性能安全帽。

车身涂装行业只要没有特别注明，一般是佩戴防化服（劳保服）自带的帽子进行头部防护。

（3）眼睛的防护　防护眼镜是一种起特殊作用的眼镜，使用的场合不同，需求的眼镜也不同。防护眼镜种类很多，有防尘眼镜、防冲击眼镜、防化学眼镜和防光辐射眼镜等。车身涂装行业主要是防护粉尘和化学物品的蒸气或飞溅。一般用防尘眼镜防护打磨产生的粉尘，用防化学眼镜防护化学液体飞溅，如图1-5所示。

（4）耳朵的防护　耳塞是可以塞在

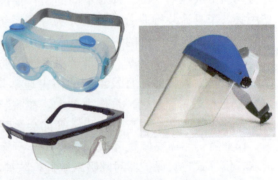

▲ 图1-5 车身涂装行业的各种防护眼镜

耳中的塞子，按照功能的不同，可以分为防噪声耳塞或耳罩、防水耳塞、压力控制耳塞。打磨过程中的噪声对人们的听觉有不利的影响，严重的会损伤耳膜，造成暂时或永久的听力障碍。在打磨作业中，要佩戴防噪声耳塞，以保护耳朵不受伤害。车身涂装行业使用的是防噪声耳塞或耳罩，用于降低打磨噪声对听力的伤害，如图1-6所示。

（5）手的防护 手套是手部保暖或劳动保护用品，也有装饰用的，如图1-7所示。车身涂装行业所使用的手套，主要是针对涂装施工时，保护施工者的手部不被化学溶剂伤害。并且，在洗手的时候，要选用合适的清洁剂，禁止用稀释剂洗手。

▲ 图1-6 车身涂装行业所使用的耳塞

（6）脚的防护

1）劳保鞋。所谓劳保鞋，就是一种对足部有安全防护作用的鞋。按照用途的不同，劳保鞋可以分为防静电鞋、防导电鞋、绝缘鞋、防砸鞋、防刺穿安全鞋、防酸碱鞋、防油鞋、防滑鞋、防刺穿鞋、防寒鞋和防水鞋等专用鞋。车身涂装行业一般使用的是防酸碱鞋。当然，现在的安全工作鞋都防酸碱，并在鞋头部位还配有金属脚尖衬垫，以防脚趾被突然落下的物体砸伤。

2）防尘鞋套。在进行打磨作业时，为了防止鞋袜被粉尘污染，应当在作业前穿戴好防尘鞋套。

（7）身体的防护

1）工作服。工作服是为工作需要而特制的服装。工作服按照功能的不同，可以分为潜水服、防辐射服、防化服和防静电服等。车身涂装行业一般使用的是防静电服，如图1-8所示。

2）围裙。围裙是指操作时围在身前保护衣服或身体的织物。车身涂装行业主要使用的是橡胶围裙（也称为工作围裙、防化围裙），如图1-9所示。

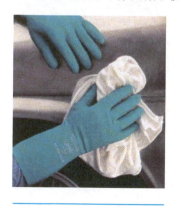  

▲ 图1-7 手套　　▲ 图1-8 防静电服　　▲ 图1-9 防化围裙

三、安全标识的认知与灭火器的使用

涂装施工现场有许多的涂料罐和助剂罐。为了能够更安全地工作，应当熟识各类相关的安全标识，学习并熟悉灭火器的使用方法以及不同种类灭火器的使用条件。

1) 罐体上的安全标识如图 1-10 与图 1-11 所示。

▲ 图 1-10 罐体上的安全标识（一）

▲ 图 1-11 罐体上的安全标识（二）

2) 工作场所的安全标识如图 1-12 ~ 图 1-15 所示。

▲ 图 1-12 工作场所的安全标识（一）

▲ 图1-13 工作场所的安全标识（二）

▲ 图1-14 工作场所的安全标识（三）

▲ 图1-15 工作场所的安全标识（四）

3）灭火器的使用方法（干粉灭火器）。为了防止在发生火险火灾的时候手忙脚乱，应该学会如何正确地使用灭火器。首先，应当拔出灭火器手柄部位的保险销如图1-16的1和2所示，然后一只手握持灭火器手柄，另一只手握持灭火器的喷嘴软管如图1-16的4所示，靠近火源2m处，将灭火器喷嘴对准火焰根部，用力压下灭火器的手柄，如图1-16的3所示，喷射出灭火剂（如果松开手柄，灭火器就停止喷射）。移动喷嘴前后吹扫火焰的底部。待火焰扑灭后，要仔细观察，因为火焰有可能复燃。当然，针对不同燃烧源引发的火情，应当仔细区分，使用正确类别的灭火器进行灭火。灭火器的分类和适用范围见表1-6。

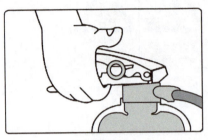
1.提起灭火器

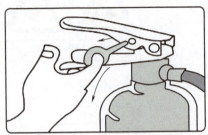
2.拔下保险销

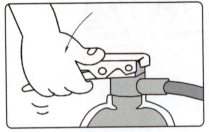
3.用力压下手柄

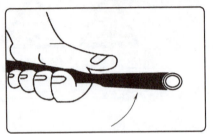
4.手持喷嘴软管

▲ 图1-16 干粉灭火器的使用

表1-6 灭火器的分类和适用范围

灭火器的种类	适用范围
干粉灭火器	油类及其产品、可燃气体和电气设备初起的火灾
二氧化碳灭火器	600V以下带电电器、贵重设备、仪器仪表、图书资料初起的火灾
泡沫灭火器	油类、木材、纸张、棉麻等。不能用于水溶性可燃液体、电气设备、金属及遇水燃烧物

 任务实施

1. 任务准备

任务所需的资料、设备和工具见表1-7。

表1-7 任务准备

所需资料	《汽车涂装技术》项目一任务二
所需装备	灭火器（泡沫灭火器、干粉灭火器各一）、防毒、防尘口罩、防护眼镜、抗溶剂手套、劳保鞋等

2. 完成下列各项任务

1）请简述灭火器的使用方法及不同类型灭火器的适用范围。

2）请简述穿戴各种劳动防护用品的必要性及不同防护用品的防护功能。

评价总结

1. 小组评价（表1-8，总分50分）

表1-8 小组评价表

操作项目	考核内容	评分标准	配分	扣分	得分
考前准备	作业时着装整齐，防护齐备，一次性备齐所需工具	酌情扣分	5分		
操作步骤	1）部件的安全防护 2）设备及工具使用正确 3）流程符合工艺规范 4）记录结果并进行分析	某项未做不给分，操作方法不当扣2分	25分		
文明操作	操作有序、规范	酌情扣分	5分		
安全操作	无机具、人身事故	酌情扣分	10分		
7S管理	整理工具、清洁场地	酌情扣分	5分		
总计					

2. 教师总体评价（总分50分）

学生评价	
教学效果	
教学不足	
整改措施	

项目习题

一、判断题

1. 汽车车身的涂装工艺就是指在汽车生产企业（如汽车制造厂和汽车零部件生产厂）进行的涂装。（   ）

2. 汽车从发明诞生至今，已有超过100年的历史了，而汽车涂装工艺的历史还不到100年。（   ）

3. 通常把由药物毒性引起的机体损害称为中毒。（   ）

4. 通常所说的涂料的毒性，主要是指涂料所含的溶剂、颜料和部分基料等里面的有

15

毒物质（多为无机物）造成的。（　　）

5. 空气中的粉尘对我们只会造成呼吸系统的危害。（　　）

6. 在进入涂装场所以后，穿戴好自身的防护，诸如护目镜、防化服、手套和防尘口罩等，就绝对安全了。（　　）

二、选择题（可多选）

1. 现代汽车车身涂装（新车出厂）的涂层有（　　）三层。

   A. 电泳底漆层　　B. 中涂底漆层　　C. 面漆层　　D. PVC 层　　E. 底色漆层

2. 在涂装作业过程中，（　　）工序都可能对人体造成伤害。

   A. 清洁脱脂　　B. 刮涂腻子　　C. 打磨　　D. 调漆　　E. 喷漆

   F. 所有

三、简答题

1. 简述在从事涂装作业的劳动防护有哪些。

2. 简述如何安全正确地使用灭火器。

项目二
损伤表面处理

2

项目描述

通过本项目的学习,使学生熟悉损伤处理评估方法,认识损伤处理所需的电动、气动及手动工具及设备,掌握损伤处理所需的各种工具与设备的操作方法和注意事项。

任务一 损伤处理的评估

  任务目标

1. 了解损伤处理评估的目的。
2. 熟悉评估流程及方法。

 任务描述

现有一辆汽车来到车间准备大面积的喷涂,按照维修流程第一步等待着专业喷涂维修人员来进行损伤处理评估,才能进行下一步工作。

 知识储备

漆膜损伤评估的概述

车辆在行驶中难免会遇到一些碰擦事件,千万不要小看这些被划伤而裸露的金属部位,如图 2-1 所示。因为这些被划伤的部位虽然面积不同,但是当长时间不予处理,小则影响美观(出现基体金属氧化生锈,划痕附近漆膜剥离等现象),大则就会让汽车在下一次遭遇碰撞时,影响驾驶人的安全(因为裸露金属氧化变薄,强度下降,甚至影响周围的金属强度降低,不能构成有效的能量吸收和传递的通道)。

漆膜损伤评估是指:车辆被维修接待人员开到车间与油漆技师完成交接以后的第一步。因为损伤面积和油漆种类的不同,所以维修方法及流程也不同。一般损伤评估的流程主要包括清洗、涂层损坏程度的评估、面漆类型确定。

▲ 图 2-1 漆膜损伤

1. 清洗

为了更好及更快地完成维修作业,所以当车辆进入车间之前必须经过清洗,因为车辆常常在不同的环境下行驶,难免边角的地方会有一些异物。如果不对其进行清洗,在后面的喷涂时由于气压的关系可能会导致漆膜的质量受到很大的影响。而此处清洗和外面普通的洗车不太一样,下面就是损伤处理评估前的清洗流程:

(1) 车身喷湿 在将车门及车窗关好以后,使用洗车机对车身的每一个角落进行喷

湿和基本冲洗，特别是利用喷水枪的扇形对容易堆积脏污的地方仔细冲洗，一般清洗顺序都是倾斜着90°从上往下冲洗，如图2-2所示。

（2）车身擦洗　将泡沫机的气压调到标准以后同喷湿一样从上往下喷涂泡沫，喷涂泡沫的要求主要是均匀和适量，如图2-3所示。在喷完泡沫以后使用海绵对车身进行有规律的擦抹，特别是即将要喷涂油漆的周围。

▲ 图2-2　冲洗顺序

▲ 图2-3　车身擦洗

（3）冲洗及收水　在擦洗完后接着就是冲洗，这一步相对于前两步较为简单，只要将车身上所有的泡沫冲洗完就可以收水了，如图2-4和图2-5所示。冲洗及收水和上面两步一样顺序不变。

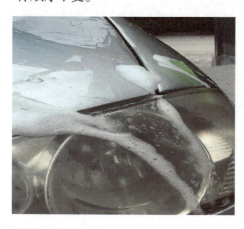

▲ 图2-4　冲洗泡沫

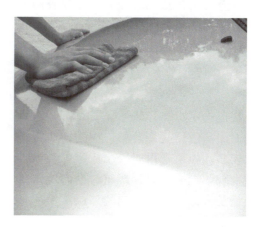

▲ 图2-5　收水

2. 涂层损坏程度评估

汽车涂层前损伤评估是在修补过程中不可缺少的，它会直接影响维修成本、修补范围及工序的多少。而且有了这一步就会知道该车辆是不是需要钣金修复，因为不是所有的事故车都在涂装维修范围内，如果车辆受伤的面积和凹陷程度较大时应先交由钣金技师进行维修或更换。

损伤程度评估的方法主要有：目测评估、触摸评估、钢直尺评估。

(1) 目测评估　目测评估是指，将刚洗完的车开到一个光线比较好的地方，用维修人员的眼睛朝着受损板件左右侧面进行多个角度观察，并对其做出标记，如图 2-6 所示。这个方法虽然听起来比较简单，但如果是新手有可能会由于经验不足，在刚开始只找到一些明显缺陷，容易遗漏那些不明显的缺陷。

(2) 触摸评估　所谓的触摸评估就是用人的手掌轻轻放在受伤区域，使用"米"字法反复触摸，一般触摸评估和目测评估要配合使用，这样检查出的受伤面积会更有把握。如果在触摸评估损伤区域时比较容易擦伤手也可以戴上手套，如图 2-7 所示。

▲ 图 2-6　目测评估

▲ 图 2-7　触摸评估

(3) 钢直尺评估　钢直尺评估主要是将钢直尺放在损伤区域表面，检查凹陷部位与钢直尺的间隙，如图 2-8 所示，有了这一种评估会让维修人员知道缺陷与没受伤前的距离差距，并做出标记。

3. 油漆类型确定

在正式开始维修前还需要对车辆表面的面漆层进行类型评估，因为面漆类型比较多。如果采用同一个流程修补最后会呈现不同的效果，严重时会影响漆层质量及寿命。所以不同的漆层类型应该采取不同的维修工艺流程。

▲ 图 2-8　钢直尺评估

不同类型涂层的鉴别方法有：观察法、打磨法、溶剂抹涂法、加热检查法、厚度测试法。

(1) 观察法　将车辆开到光线较好的地方，然后对着板件表面朝多个方向及角度进行观察（观察的距离适宜）。如果表面呈现金属颗粒，并且闪烁，漆面有较亮的感觉，则表明该面漆的类型属于双工序金属漆或多工序油漆。相反，以上几点现象都没有则很有可能是单工序素色漆。

(2) 打磨法　打磨法与观察法相比要稍微复杂些，需要一张 P2000 号筛的水磨砂纸对准备喷涂的板件研磨几个来回。研磨前及研磨时应加入少量的水，接着马上看一下砂纸表面是否呈白色，如果上面是白色或其他颜色，说明该漆面是单工序素色漆，如果没有颜色或等其上面的水干了以后呈白色，则说明属于双工序面漆。

（3）溶剂抹涂法　使用一块脱脂布在上面加少量的硝基稀释剂放在漆面涂抹擦拭，抹涂完后脱脂布上如果有漆面的颜色，说明面漆属于溶剂挥发干燥型（单组分）涂层，如果布上没有颜色，说明涂层属于双组分型面漆。虽然双组分不易被溶解，但也会对漆面的光泽度有所影响。

（4）加热检查法　首先用一张细水砂对板件的某一部位进行湿磨至哑光，然后用烤灯对湿磨的地方加热。如果漆面慢慢变得有光泽并且漆面有明显变软，则表明该涂层为热塑性油漆。

（5）厚度测试法　厚度测试法主要是指用漆膜厚度仪检查漆层的厚度，如图2-9所示，得出的厚度值可以推算出涂层的类型和该涂层是否曾经修补过。一般双工序的总厚度大约为95～130μm，而单工序的总厚度大约为90～110μm。如果是以前修补过的涂层，则厚度一般都会超过150μm。

▲ 图2-9　厚度测试

任务实施

1. 任务准备

任务所需的资料、设备和工具见表2-1。

表2-1　任务准备

所需防护	工作服、安全鞋、橡胶手套、防毒面具、护目镜
所需材料	海绵、毛巾、毛线手套、P2000号筛的水磨砂纸、硝基稀释剂、脱脂布
所需设备	一台汽车、洗车机、泡沫机、钢直尺、烤灯、厚度测试仪

2. 完成以下任务

1）现有一辆准备喷涂的汽车，请根据要求对其进行清洗。
2）根据知识储备以及吸收的经验对刚清洗完的汽车进行涂层损坏程度评估。
3）损坏评估完后接着对该车辆的漆层类型进行鉴别。

评价总结

1. 小组评价（表2-2，总分50分）

表2-2 小组评价表

操作项目	考核内容	评分标准	配分	扣分	得分
考前准备	作业时着装整齐，防护齐备，一次性备齐所需工具	酌情扣分	5分		
操作步骤	1) 部件的安全防护 2) 设备及工具使用正确 3) 流程符合工艺规范 4) 记录结果并进行分析	某项未做不给分，操作方法不当扣2分	25分		
文明操作	操作有序、规范	酌情扣分	5分		
安全操作	无机具、人身事故	酌情扣分	10分		
7S管理	整理工具、清洁场地	酌情扣分	5分		
总计					

2. 教师总体评价（总分50分）

学生评价	
教学效果	
教学不足	
整改措施	

任务二　损伤区处理

任务目标

1. 掌握砂纸及打磨工具的工作原理及使用方法。
2. 熟悉损伤处理维修流程。
3. 掌握维修时的要求和注意事项。

 任务描述

现有一奥迪轿车右前门受损，在损伤评估完成后实施损伤区处理，要求使用正确的维修工具及规范的操作工艺流程对受伤底材区域进行维修处理作业。

一、打磨概述

打磨是喷涂维修过程中必不可少的一步，其作用主要是将砂纸暂时黏在打磨头表面上，去除旧漆面凹凸不平的地方，并且让平滑的表面获得一定粗糙纹路，为喷漆时增加了漆层的附着力。一般打磨分为干磨（机磨）和湿磨（水磨），所以砂纸也有干砂和水砂之分。由于采用湿磨的工作效率低，并且湿磨后对环境影响令人们担忧，所以目前很多4S店及大型维修厂已经开始普遍采用全程干磨对车辆进行维修。

砂纸是指由不同的磨料均匀地覆盖于纸面上，并且磨料颗粒大小也有区分，主要是方便维修人员在作业过程中，根据不同的情况，选用不同类型及型号大小的砂纸，这样在维修以后才能达到理想效果。

下面就先来介绍一下砂纸表面磨料的类型：

1. 氧化铝磨料

氧化铝（刚玉砂）砂纸主要用于湿磨处理，这种尖锐的人工合成磨料仅次于金刚石的硬度。由于它具备密度高、尖锐和菱角结构，因此是目前多个行业使用较为广泛的磨料之一。

2. 金刚砂磨料

金刚砂又称为碳化硅，该磨料有着极高穿透力和锐利的效果，因此在维修中可使用环节较多，比如打磨旧涂层和接口薄边及抛光前的研磨。

3. 锆铝磨料

锆铝磨料是由氧化铝和氧化锆结构而成的磨料，与上两种磨料相比，它拥有独特的磨刃性。能在打磨中不断地提供新的刃口，并且由于磨料的特性在打磨时产生热量少，因此被打磨掉的颗粒不会堆积在砂纸表面。从而大大增加了工作效率并降低维修过程中的耗材及成本，所以锆铝型磨料的砂纸越来越受行业的欢迎。

4. 砂纸的规格

砂纸是在维修过程中使用得比较多的耗材之一，只要是有打磨的这一步工序就必须要用到砂纸或研磨材料。但不是每一次使用的砂纸大小都一样，因为砂纸有大小规格的区分。并且同一张砂纸如果磨料不同，研磨时的效率也是不同的，见表2-3。

表2-3 砂纸规格

砂纸粗细	氧化铝磨料	金刚砂磨料	锆铝磨料	主要适用范围
精细	—	—	—	用于抛光及修补漆前的打磨
超细	—	F800	—	用于金属漆整板喷涂前的打磨

(续)

砂纸粗细	氧化铝磨料	金刚砂磨料	锆铝磨料	主要适用范围
极细	—	F600	—	用于素色漆整板喷涂前的打磨
极细	F400	F400	F400	用于中涂底漆及中涂底漆前的打磨
极细	F320	F320	—	用于中涂底漆及中涂底漆前的打磨
极细	F280	F280	F280	用于中涂底漆及中涂底漆前的打磨
极细	F240	F240	F240	用于中涂底漆及中涂底漆前的打磨
细	F220	F220	—	用于腻子极细磨
细	F180	F180	F180	用于腻子细磨
细	F150	F150	F150	用于腻子细磨
中细	F120	F120	—	用于腻子基本磨平及打磨裸金属
中细	F100	F100	F100	用于腻子基本磨平及打磨裸金属
中细	F80	F80	F80	用于腻子基本磨平及打磨裸金属
粗	F60	F60	F60	用于旧涂层及腻子粗磨
粗	F40	F40	F40	用于旧涂层及腻子粗磨
粗	F36	F36	—	用于旧涂层及腻子粗磨
极粗	F24	F24	F24	用于除锈
极粗	F16	F16	—	用于除锈

5. 水砂与干砂的磨粒

将摩擦粒子粘到背衬材料上有两种方法：稀疏磨粒法和稠密磨粒法。在稀疏磨粒法中，磨粒间的距离较大，使打磨掉的粒子可以从磨粒飞脱，并且防止砂纸表面积满粒子。这种稀疏磨粒法所生产的砂纸主要用于干式打磨。稠密磨粒型砂纸的磨粒排列很紧密，主要用于湿式打磨，在湿式打磨中砂纸表面不会积满粒子，如图 2-10 所示。

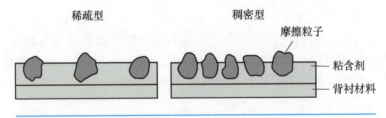

▲ 图 2-10　磨粒方法

6. 涂装砂纸打磨常见规格

砂纸粗细是由磨料颗粒来决定大小规格的，并且砂纸表面也都使用阿拉伯数字来区分。而在欧洲有很多国家还在数字的前面加了"P"字，其目的是让人们知道带有这个字母的数字含义是指砂纸规格差异。

从表 2-3 中可以看出数字越大表示砂纸越细，数字越小则代表砂纸越粗，当然水砂和干砂也一样，但是水砂和干砂的使用方式不同，因为水砂在使用前要先用普通自来水浸泡几分钟才可以使用，而且在使用过程中得根据自己的研磨需要对砂纸的大小面积进行折叠或修剪。

干砂和水砂相比又显得方便得多，因为干砂只需要配合打磨头或手刨使用就行了，而且如果使用方法正确，可实现多次循环使用。但水砂就不同了，如果砂纸再进行二次使用，效果会比一次差之甚远，所以水砂已经逐步被淘汰。

以下是水砂和干砂在涂装维修过程中常见的一些型号和每个型号的研磨使用环节，见表2-4。

表2-4 研磨使用环节

打磨项目	水 砂	干 砂
除锈	36	P60
打磨裸金属	60	P80
打磨羽状边	150	P120
打磨羽状边（毛边）	180	P180
打磨腻子	60 150 180 240	P80 P120 P180
打磨腻子（毛边）	320	P240
打磨中涂底漆	240 320 400	P240 P320 P400
整板双工序喷涂前的打磨	600 800	P500
抛光前打磨	1000 1500 2000	—

7. 其他打磨材料

其实，除了在维修过程中常用到砂纸以外，还用到其他研磨材料，其中最典型的就是合成纤维的材料。由于这些合成纤维具有独特的柔韧性，打磨一些不易研磨的地方比较合适，所以受到广泛使用，并且在维修过程中采取干磨和水磨都可使用，如图2-11所示。

二、打磨设备及工具

在打磨的方法中有机械打磨和手工打磨，手工打磨虽然灵活方便，可适用环节多，但始终是人力劳动。而机械打磨比手工打磨方便得多，效率高、质量好、劳动力强，同时也改善了维修人员的工作效率，因此使用机械打磨受到了维修人员广泛欢迎。

1. 手工打磨垫块

手工打磨垫块又称为"手刨板"或"手磨板"，这些垫块主要是配合砂纸使用，它们的种类、制作材料和形状各有不同，可根据自己的维修需要来选择，并且手工打磨垫块主要分为硬橡胶和海绵垫，如图2-12所示。

▲ 图2-11 其他打磨材料

▲ 图2-12 手工打磨垫块

2. 硬橡胶打磨垫

硬橡胶打磨垫主要用来研磨腻子，将腻子因刮涂时产生的高凸部位进行研磨，最后使研磨完后的位置达到平整的要求。

3. 海绵垫

海绵垫主要适用于喷涂中涂底漆和喷面漆后的抛光打磨，因为使用它打磨可以让漆面的橘皮及喷涂时产生的杂质颗粒达到平整光滑。

三、打磨机动力类型

打磨机的作用主要是在打磨过程中减轻工人的劳力消耗，所以在很多行业运用广泛。

1. 根据打磨机运作方式分

可分为气动和电动两种，如图2-13所示。

气动打磨机是由供气系统的气压驱动的，而且转动的快慢与气压息息相关，使用气动打磨机的优点就是安全性较高、可操作性强、工作效率高、质量小，唯一的要求就是使用时需要源源不断的气压。

电动打磨机在使用时需要电压，和气动打磨机一样，电动打磨机的转动快慢与电压也是分不开的，它的优点就是携带方便，不需要供气系统，但由于在油漆车间不能出现明火，而电动打磨机在发生故障时有可能出现火花或明火，所以电动打磨机基本被油漆行业淘汰。

2. 根据磨垫分

打磨机按磨垫可分为单作用打磨机、轨道式打磨机、双作用打磨机。

（1）单作用打磨机　单作用打磨机的磨垫在转动时主要绕一固定点旋转，也就是使用时往一个方向一直转，如图2-14所示。由于打磨机往一个方向转，所以不能放在平面打磨，因为打磨机的磨垫中心与边缘转速不一致。这种打磨机转矩大、速度低、切削力强，主要适于清除涂料，研磨力大，适合钣金车间使用。

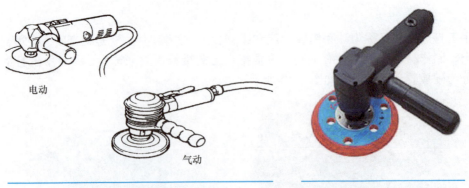

▲ 图2-13　气动和电动打磨机　　　　▲ 图2-14　单作用打磨机

（2）轨道式打磨机　轨道式打磨机磨垫外形呈矩形，基本用于较大面积的平面，它的运动方式是以磨垫在振动，犹如多个圆圈在转动，如图2-15所示。它可根据打磨的面积沿椭圆轨迹反复运动，比较适用于腻子平整打磨，但由于操作要求较高，目前大型维修站使用较为普遍。

（3）双作用打磨机　双作用打磨机具备了单作用打磨机及轨道式打磨机的优点，是油漆车间主要的打磨工具，属于圆形双作用打磨机，如图 2-16 所示。这种打磨机在转动时的偏心距大小有很多种，它们的偏心距大小都用数字表示，方便维修时的快速选择，见表 2-5，数字越大比较适用于粗磨，数字越小主要用于研磨旧涂层或者抛光前的打磨。

▲ 图 2-15　轨道式打磨机

▲ 图 2-16　双作用打磨机

表 2-5　偏心距适合的打磨环节

偏心距/mm	适用的打磨环节
3	喷涂面漆前旧漆层打磨、抛光前的打磨
5	中涂底漆打磨、中涂底漆前的打磨
6	腻子细磨、羽状边打磨、毛边打磨
9	腻子粗磨、除锈、除旧漆层

3. 电动、气动工具的使用注意事项

检查各部件外部安装是否牢固、紧固连接是否可靠，电缆及插头有无损坏，开关是否灵活等；尽量使用220V电源，必须用380V电源时应确保搭铁线连接可靠；使用前应检查所用电压是否符合铭牌规定；接通电源空运转，检查有无异响；使用中发现异常现象（如火花、异响、过热、冒烟或转速过低等）应立即停止使用，并由专业维修人员进行检修（不得擅自拆卸）。

电动、气动工具应及时维护，以确保其清洁及可靠润滑；电气设备与元件应存放在干燥处，以防止受潮与锈蚀。

当使用气动工具时，应防止因连接不牢固而造成压缩空气损失和人身事故；工作时应将工具轻放在工件表面后才能按下起动开关。工作完成后，工具必须在关闭并完全停稳后才能放下，转动着的工具不得随处放置；当使用砂轮时，身体要避开其旋转的方向，工件要轻轻接触砂轮，以防止事故的发生。

四、干磨吸尘系统

在油漆车间吸尘系统是配合打磨机使用的，如果没有吸尘系统，会给空气环境带来了一定的影响,维修人员长时间在这样的环境下工作,会给身体带来不适。所以现在正规的维修车间都必须配备吸尘系统使用,不管是打磨机还是手工打磨垫块都应该使用吸尘管接在磨头出尘口处。

目前吸尘系统品牌比较多,各商家产品也略有不同,但其基本作用是基本一致的。常见的吸尘设备类型有三种,分别是单工位移动式吸尘系统、单工位悬臂式吸尘系统和多工位中央集尘吸尘系统。

单工位移动式打磨系统如图 2-17 所示。该设备使用比较方便,单个工位移动也比较灵活,而且一般手工打磨垫块和打磨机可以同时进行工作。但是在维修过程中移动时,电源线和气管会经常拖在地面使之移动不便。

单工位悬臂式打磨系统如图 2-18 所示。它解决了移动式的缺点,就是把打磨设备的电源线和气管悬吊在墙上。可在一定范围内移动操作,但在大型维修厂还是不太实用,在一般车间常见使用。

多工位中央集尘打磨系统如图 2-19 所示。该设备主要是使用大型集尘主机控制,这样减少了单个工位上的集尘设备管理,也让工位维修时空间大了一些,目前使用比较广泛。

▲ 图 2-17 单工位移动式打磨系统

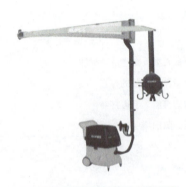

▲ 图 2-18 单工位悬臂式打磨系统

▲ 图 2-19 多工位中央集尘打磨系统

五、损伤区处理工艺流程

为在工作时提高生产效率,一些技师们针对不同的损伤制订了不同的维修流程,这些流程专业、方便、快捷,得到了车身涂装行业广泛认可,常见的损伤处理流程如下:

1)确定损伤区维修范围。在开始维修前再次确定维修范围,比如像发动机舱盖会经常被一些小东西砸到,如果不细心检查容易被遗漏,导致后期交车质量受到影响,如图 2-20 所示。

2)穿戴防护一。在打磨时容易吸收到粉尘,为了防止大于 PM2.5 的颗粒进入身体,需要戴上专业的防尘口罩。除了使用防尘口罩以外还需要安全帽、护目镜、耳塞、毛线手套(线手套)、安全鞋和防护服,如图 2-21 所示。

3)清除旧漆层。使用偏心距 6~9mm 的打磨机配合 P80 号筛的砂纸对损伤区的旧漆层进行打磨，打磨标准要求需达到损伤区域内没有漆层，如图 2-22 所示。

▲ 图 2-20　确定损伤范围

▲ 图 2-21　穿戴防护（一）

4）打磨羽状边及毛边。为了后面刮涂腻子或喷涂底漆有更好的结合力，维修人员要使用偏心距 6mm 的打磨机配合 P120 号筛的砂纸对裸金属及漆层间打磨出一个羽状边，羽状边的宽度不能少于 20mm，要求需要达到平顺无阶梯。打磨完后还需要继续在羽状边的外围使用 6mm 的磨头配合 P120 号筛或 P180 号筛的砂纸打磨出 20~30mm 的毛边，如图 2-23 所示。

▲ 图 2-22　清除旧漆层

▲ 图 2-23　打磨羽状边及毛边

5）穿戴防护二。此处的穿戴防护与穿戴防护一基本一样，因为下一步工序涉及挥发性有毒溶剂，为了安全，除防尘口罩要换成防毒面具、线手套换成胶手套，其他防护可以不变，如图 2-24 所示。

6）清洁脱脂。在即将施涂保护底漆或腻子前需要对施涂区域进行清洁脱脂处理，这样处理后在施涂区域刮涂腻子的效果会更好，如图 2-25 所示。

7）施涂环氧底漆。为了让腻子和裸金属在维修时不直接接触，起到分离和隔绝的目的，需要使用到环氧底漆，环氧底漆适用于喷涂或刷涂，只要施涂均匀就行，一般环氧底漆的厚度在 40~55μm 范围内,如图 2-26 所示。

▲ 图 2-24　穿戴防护(二)

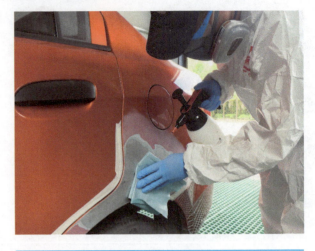

▲ 图 2-25　清洁脱脂

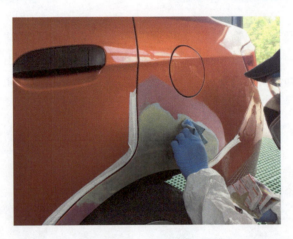

▲ 图 2-26　施涂环氧底漆

8)腻子涂刮及打磨,操作技术见项目三介绍。

9)清洁、脱脂。

任务实施

1. 任务准备

任务所需的资料、设备和工具见表 2-6。

表 2-6　任务准备

所需防护	工作服、安全鞋、橡胶手套、防毒面具、防尘口罩、耳塞、线手套、护目镜
所需材料	脱脂剂、常用各型号砂纸、环氧底漆、实训车身板件
所需设备	打磨机、吸尘设备、手磨板

2. 完成以下任务

1）熟悉并简述干磨砂纸的作用、种类及型号。

2）简述打磨机操作及合理选用的原则。

3）对一块损伤板件使用标准工艺对其进行损伤区处理及维修，并简述其工艺过程。

评价总结

1. 小组评价（表2-7，总分50分）

表2-7 小组评价表

操作项目	考 核 内 容	评 分 标 准	配分	扣分	得分
考前准备	作业时着装整齐，防护齐备，一次性备齐所需工具	酌情扣分	5分		
操作步骤	1）部件的安全防护 2）设备及工具使用正确 3）流程符合工艺规范 4）施工完成质量	某项未做不给分，操作方法不当扣2分	25分		
文明操作	操作有序、规范	酌情扣分	5分		
安全操作	无机具、人身事故	酌情扣分	10分		
7S管理	整理工具、清洁场地	酌情扣分	5分		
总计					

2. 教师总体评价（总分50分）

学生评价	
教学效果	
教学不足	
整改措施	

项 目 习 题

一、判断题

1. 需要喷涂的车辆行驶到维修站后可直接进行涂层损坏程度评估。（　　）

2. 涂层损坏程度评估方法只有目测评估和钢直尺评估。（　　）
3. 损坏程度评估完后可直接开始打磨。（　　）
4. 现在车身涂装行业的打磨方式主要是用干磨。（　　）
5. 砂纸的数字编号越小说明研磨力度越小。（　　）
6. 单工位移动式吸尘设备主要用于大型维修站。（　　）
7. 偏心距为 3mm 的打磨机主要用于打磨羽状边。（　　）

二、选择题

1. 主要用于清除旧漆层的打磨机是（　　）。
   A. 轨道式打磨机　　　B. 单作用打磨机　　　C. 双作用打磨机
2. 常见的车身外表漆层多次涂装后其厚度会超过（　　）。
   A. 150μm　　　　　　B. 100μm　　　　　　C. 90μm
3. 采用干磨适用于打磨羽状边的砂纸型号是（　　）。
   A. F80　　　　　　　B. F120　　　　　　　C. F400
4. 一台吸尘设备同时可以多个工位使用的是（　　）。
   A. 单工位悬臂式打磨系统
   B. 多工位中央集尘打磨系统
   C. 单工位移动式打磨系统

三、简答题

1. 简述整个损伤区处理的维修过程。

2. 简述干磨与水磨的优点及缺点。

3. 检测油漆类型的方法有几种？每个方法的原理是什么？

项目三
底漆与腻子的施工

项目描述

通过本项目的学习,使学生应熟悉底漆的作用及腻子施工的工艺流程,掌握腻子施工的操作要领,具备对受损车身损伤区进行涂装底漆并涂刮腻子,填充板材凹坑,以形成平滑的表面的操作技能。

任务一 底漆的概述

1. 熟悉底漆的作用。
2. 掌握底漆的选用原则。
3. 能结合具体的维修实际工作需要选用合适的底漆。

 任务描述

现有一事故车辆的左后门受损，已经对底材进行了处理，按照涂装工艺流程，要求根据底材选用底漆涂装，才能进行下一步工作。

 知识储备

一、底漆的概述

汽车表面的漆膜一般是由三个涂层构成的：底漆涂层、中间涂层、面漆涂层。

底漆涂层是最里面的一层，是直接涂敷在经过表面处理的施工物体表面的基础涂料。它通常施涂得很薄，并且不需要打磨。

合适的底漆是保证面漆美观、质量的基础。它作为被涂表面与涂层之间的媒介层，使两者牢固结合。因此，底漆的作用主要是提供附着力和防腐蚀。底漆一般不具备填补车身表面缺陷的能力，但能使裸露的金属表面适合使用腻子、中涂底漆及面漆。

底漆的种类繁多，针对不同的底材要选用适当的底漆，如汽车上的材质除钢铁外，还有镀锌板及塑料等，正确选择合适的底漆是非常关键的。它不仅可以降低成本，方便施工而且可以延长漆膜耐久性，充分发挥漆膜的作用。达到汽车涂装的质量要求。另外，施工方法与涂层的质量也有相当大的关系，如漆膜的厚度、均匀度、干燥程度、稀释剂的使用。施工环境（温度、相对湿度）、涂装表面预处理等也会影响底漆的涂装质量。

二、汽车涂层修补用底漆

1. 磷化底漆

磷化底漆是将金属表面通过化学反应生成一层不导电、多孔的磷化膜，一般称为转换涂层。磷化底漆能提高底漆对金属的附着力、耐蚀能力及热老化能力，可代替磷

化处理，适用于各种金属（如钢、铁、铝、铜及铝镁等合金），并能耐一定的温度，可做烘烤面漆的底漆，但由于成膜很薄，一般不能单独作为底漆使用，必须与其他底漆配套使用。

磷化底漆的使用方法以及注意事项如下：

① 磷化底漆可喷可刷，喷涂黏度为 16～18s（涂-4 杯，20℃），漆膜厚度以 10～15μm 为宜，厚了效果反而差。

② 磷化底漆是双组分涂料，一般分为底漆和活化剂。使用时应将两个组分混合后才可使用，而活化剂是专做磷化底漆配套使用，不是溶剂，用量不能任意增减，要严格参照供应商要求的混合比例调配。

③ 使用时应将磷化底漆均匀搅拌，然后放到非金属容器内，边搅拌边慢慢地加入活性剂，调配后一般要放置 20min（20℃）再使用（参考供应商的要求）。调配后的磷化底漆必须在混合寿命内用完。

④ 施工环境比较干燥，以防止漆膜发白，影响漆膜和使用效果。

磷化底漆喷涂的底材因经过表面预处理，达到无锈、无水、无油、无久漆膜，最好是经过喷砂处理的底材。

⑤ 喷涂了磷化底漆的底材，一般干燥一定的时间（参考供应商的要求）后即可喷涂其他底漆。

2. 环氧底漆

以环氧树脂为主要成膜物制成的底漆，品种较多，有高温烘烤底漆、双组分底漆、单组分常温自干底漆。环氧底漆附着力强，漆膜坚韧耐久，对许多物体表面有较强的黏合力，但涂料耐光性差，易粉化，因此，适合用作底漆。在要求较高或湿热环境下使用的车辆一般应使用环氧底漆。由于汽车经常受强烈的冲击、振动及磨损，还要受到各种多变的气候条件及酸、碱、盐的侵蚀，需要有一定的保护层来抵挡，当汽车涂面要进行较大的整修工作时，双组分环氧底漆就是最佳选择。其附着力、耐蚀性能、封闭性、耐化学品性能及耐碱性能非常突出，而且涂膜柔韧性好、硬度高，对铝镁合金及轻金属、钢铁和玻璃钢等有极好的附着力。

双组分环氧底漆能与多种面漆调配，如硝基漆、过氧乙烯漆、热塑性丙烯酸漆、聚氨酯漆、氨基漆和热固性丙烯酸漆等。

3. 硝基底漆

硝基底漆主要由硝基纤维和醇酸树脂组成，不过其防锈和附着性不如双组分类底漆那么强。

1. 任务准备

任务所需的资料、设备和工具见表 3-1。

表 3-1　任务准备

所需资料	《汽车涂装技术》项目三任务一
所需材料	处理好的翼子板（钢质材料）、门皮（铝合金）、底漆（环氧、磷化、硝基）各一桶
所需装备	工作装、橡胶手套、防毒口罩、防护眼镜、底漆刷或脱脂布

2. 完成下列各项任务

1）根据已经处理好的（铁质）翼子板选用合适的底漆涂装。（　　）
　　A. 硝基底漆　　　B. 环氧底漆　　　C. 磷化底漆
2）根据已经处理好的（铝合金）翼子板选用合适的底漆涂装。（　　）
　　A. 硝基底漆　　　B. 环氧底漆　　　C. 磷化底漆
3）简述环氧、磷化和硝基底漆的各自特点及其适用范围。

 评价总结

1. 小组评价（表 3-2，总分 50 分）

表 3-2　小组评价表

操作项目	考核内容	评分标准	配分	扣分	得分
考前准备	作业时着装整齐，防护齐备，一次性备齐所需工具	酌情扣分	5 分		
操作步骤	1）部件的安全防护 2）设备及工具使用正确 3）流程符合工艺规范 4）记录结果并进行分析	某项未做不给分，操作方法不当扣 2 分	25 分		
文明操作	操作有序、规范	酌情扣分	5 分		
安全操作	无机具、人身事故	酌情扣分	10 分		
7S 管理	整理工具、清洁场地	酌情扣分	5 分		
总计					

2. 教师总体评价（总分 50 分）

学生评价	
教学效果	
教学不足	
整改措施	

任务二　腻子的施工

1. 熟悉腻子的特性及其选用要求。
2. 掌握腻子的涂刮技能。
3. 能结合具体的维修实际工作需要，自主选用合适的腻子。

现有一事故车辆的左后门受损，已经对底材进行了处理并已经涂装底漆，按照涂装工艺流程，要求根据底材选用腻子涂刮。

一、腻子的组成及其作用

腻子也叫作原子灰，腻子是一种以颜料、填充料、树脂和催干剂调配而成的呈浆状的材料，用在预涂底漆的底材，以填平物体表面的凹坑、焊接缝及擦伤、锈蚀等缺陷，直至形成平整光滑的表面。

腻子能使受到损坏的底材恢复到原有的形状，是一种快速而低成本的修补方法。

二、腻子特性

1) 与底漆、中涂底漆及面漆有良好的配套性，不发生咬底、起皱、开裂和脱落等现象，有较强的层间黏合力。

2) 具有良好的刮涂性能，垂直面涂装性能良好，无流淌现象，有一定韧性，附着力好，刮涂时腻子不反转，薄涂时腻子层均匀光滑。

3) 打磨性良好，腻子层干燥后软硬适中，易打磨，不粘砂，能适应干膜或湿磨。打磨后腻子层边缘平整光滑且无接口痕迹。

4) 干燥性能良好，能在规定时间内干燥、打磨。

5) 形成的腻子层要有一定的韧性和硬度，以防汽车行驶中的振动引起原腻子层开裂，轻微碰撞引起底凹或划痕。

6) 具有较好的耐溶性和耐潮湿性，否则，会引起涂层起泡。

三、腻子的类型

腻子有很多类型，在施工时，可以根据不同情况合理选用。

1. 聚酯腻子

聚酯腻子由不饱和聚酯树脂、填料、少量颜料及苯乙烯配置组成，属于双组分型腻子。使用时要和固化剂（有机过氧化物）调配后才能使用。

由于聚酯腻子干燥速度快，受气候影响小，腻子层牢固，附着力强，不易开裂，刮涂、堆积、填冲性能好，硬度高，打磨性好，表面细滑光洁，固化后收缩性好，能与多种面漆调配使用，可以大大提高施工速度和产品质量，因此在汽车修理行业被广泛使用。

2. 硝基腻子

硝基腻子是一种单组分腻子，主要由硝化棉、醇酸树脂、顺酐树脂、颜料、大量体质颜料和稀料组成。

干膜后易打磨，在汽车修补中，常用于填充喷涂中涂底漆后的刮痕、针孔或浅凹坑等。

3. 环氧腻子

环氧腻子主要由环氧树脂组成，属于双组分型腻子，用胺作为固化剂。

由于对各种基底材料有良好的防锈和附着力，环氧树脂经常用于修理塑料零件，但就变曲、成形和打磨性能来讲没有聚酯腻子好。

四、腻子的应用范围

根据腻子特性，结合不同的板件工况腻子具有不同的应用范围，见表3-3。

表3-3 腻子不同的应用范围

类型		适用底材	应用范围和特性	可一次涂刮最大厚度/mm	最大涂层厚度限制/mm
聚酯腻子	厚型	金属	涂刮厚层，有良好的成形和附着性，但是，在刮灰刀下的延展性能不足，纹路粗糙，有许多针孔，现在广泛采用与轻质材料混合的轻质腻子	10	10~12
	中型		具有厚型和薄型的特点，轻质型含有轻质材料，也可直接作为中涂涂装。在某种程度上，可涂刮厚层，纹路光滑，打磨性好	5	5~10
	薄型		用于填充小坑和最后一道腻子，纹路精细，刮刀延展性好，不易形成针孔	2~3	3~5
环氧树脂腻子		塑料	广泛用于修复塑料件，对各种类型材料如金属和树脂有良好的附着力，并且具有柔软性	2	5~10
硝基腻子		底漆	用于填充中涂底漆后的打磨痕迹和针孔。属于单组分，干得快，易于使用。如果涂得很厚，则干得慢并且缩皱，降低性能	0.1	0.1~0.2

五、腻子的施工

腻子一般用刮具施工，刮涂的次数（层数）主要取决于底材的表面状况、施工质量要求、操作人员技术水平，一般刮涂1~4层，直到底材达到涂装要求。由于被施工件的平整度和光滑度主要由腻子来实现，因此不管什么种类的腻子都需具备良好的配套性、刮涂性、打磨性、干燥性、韧性和硬度以及耐溶剂和耐潮湿性等特性，才能达到施工目的和实现使用价值。

1. 调配腻子

腻子装在罐中的时候，其各种成分，如溶剂、树脂及颜料会分离。由于腻子不可以以这种分离的形态使用，故在倒出罐子以前，必须彻底混合。将罐内的主剂调和均匀，底面黏度一致，以利于刮涂和固化，如图3-1所示。

① 取出腻子。将适量的调和均匀腻子基料取出放在腻子调和板上，然后按照规定的混合比例添加一定量的固化剂。固化剂按主剂2%~3%的比例加入（具体参考供应商的要求调配），如图3-2所示。

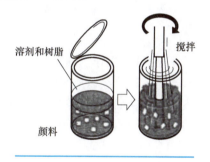

▲ 图3-1 搅拌腻子

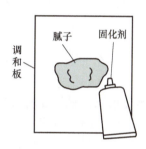

▲ 图3-2 混合腻子（一）

② 混合腻子与固化剂。用刮刀来回刮抹腻子和固化剂，使之混合均匀（可从颜色混合均匀度观察），混合不均匀则产生固化不均、附着力差、起泡和剥落等现象，如图3-3所示。

当固化剂加入腻子基料时，固化过程便开始了。因此，完成腻子与固化剂混合及其进行涂刮腻子的时间不要过长，否则，涂刮还没完成混合腻子就固化了，这将会严重影响涂刮的效果与质量。即使要覆盖很大的面积，一次也不要拿太多的腻子。开始时只要拿出一个乒乓球稍大一点量的腻子，如果需要，再添加。混合腻子和涂刮腻子，在取出腻子后，不要加固化剂，使用腻子来练习即可。

2. 腻子基本施涂法

一次不要施涂大量的腻子，根据要施涂面积的位置和形状，腻子最好分几次施涂。

① 第一次时，将刮刀拿得几乎垂直，并且将腻子刮在工件表面上，施涂一薄层，并以确保腻子透入最小划痕和针孔，从而增大附着力，如图3-4所示。

② 在第二次和第三次时，将刮刀倾斜35°~45°，腻子施涂的量要略多于所需要的量。每次施涂以后，都要逐步扩大腻子施涂的面积。在边缘上时刮刀的倾斜角度要大于中间时刮刀的倾斜角度，才能保证边缘涂刮腻子较薄，形成斜坡，不产生厚边，如图3-5所示。

汽车涂装技术

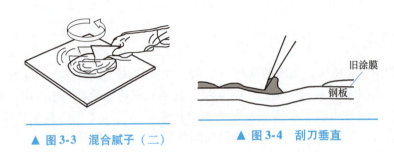

▲ 图3-3 混合腻子（二）　　▲ 图3-4 刮刀垂直

③ 最后一次施涂时，刮刀要拿得与工件表面基本持平，使表面平整，如图3-6所示。

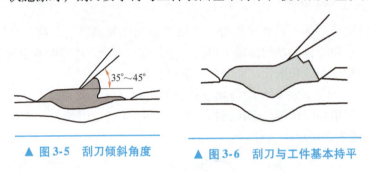

▲ 图3-5 刮刀倾斜角度　　▲ 图3-6 刮刀与工件基本持平

3. 干燥腻子

新施涂的腻子要在干燥后才能进行下一工序的打磨操作。新施涂的腻子会由于其自己的反应热而变热，从而加速固化反应，一般来说，在施涂以后20~30min即可打磨，如果气温低，或者湿度高，腻子的内部反应速度降低，从而要较长时间来使腻子固化。

在实际工作中为了工作的需要，需要进行加速腻子固化，可以通过加热来实现干燥，例如：现在4S店用红外线烤灯或干燥机来干燥。近几年的全国技能大赛也采用红外线烤灯干燥。

4. 打磨腻子

在腻子固化干燥后，为了提高新涂层在腻子表面的附着力，需要对腻子表面进行打磨处理。

打磨的方式分为机器打磨和手工打磨。机器打磨以双作用打磨机和轨道式打磨机最为常用。在打磨时，将P80号筛、P120号筛、P180号筛的砂纸装在气动打磨机或手磨板上，分步骤进行腻子表面打磨，最后用P240~P320号筛的砂纸对腻子表面及其周围的划痕进行清理。

> **小知识**：打磨砂纸筛目表示砂纸的粗糙程度，筛目越小，表示砂纸越粗糙，反之，越细。

六、腻子涂刮工艺流程

1. 检查腻子需要覆盖的面积

为了要确定准备多少腻子，要再次估计损坏的程度，但此时不能接触有关区域，以免再次在有关部位沾上油迹。

2. 除锈、清洁、脱脂

若被涂装表面有锈蚀或过于光滑,可先用 P80 号筛的干磨砂纸打磨,用吹风枪或除尘布除尘,用一干一湿(喷脱脂剂)脱脂布脱脂,以使底材与腻子结合良好。

3. 取出腻子,调和腻子

将适量的腻子基料放在混合板上,然后按规定的混合比添加一定量的固化剂,腻子与固化剂一般是以 100:2~100:3 的比例拌和。

4. 涂刮腻子操作

拿刮刀的方法有特别的规定,下图 3-7 所示为控制刮刀的有效方法。

① 将腻子薄薄地施涂在工件涂刮区域表面上,如图 3-8a 所示。

② 第二次涂刮腻子时边缘不要过厚,如图 3-8b 所示。食指向刮刀的顶部施力,以便在顶部施涂一薄层。

③ 在下一道施涂腻子时,要与在第②步中刮涂的部分稍稍重叠,为了在这一道开始时涂一薄层,用一点力将刮刀抵压在工件表面上,然后释放压力,同时移动刮刀,如图 3-8c 所示。

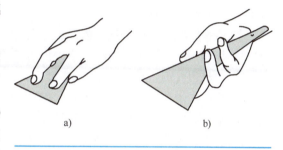

▲ 图 3-7 刮刀拿法
a) 刮刀正面 b) 刮刀反面

④ 重复第③步操作,直到在整个表面上施涂的腻子达到所要施涂腻子的要求,如图 3-8d 所示。

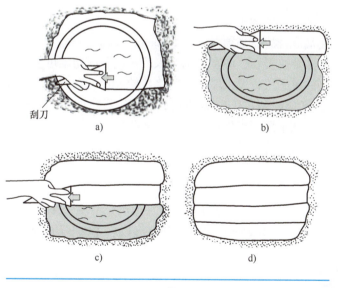

▲ 图 3-8 腻子涂刮操作

5. 腻子干燥

用红外线烤灯来干燥,一定要将烤灯与腻子表面的距离保持在 50cm 以上,与腻子表面温度保持在50℃以下，以防止腻子起泡或龟裂。

6. 腻子干磨工艺流程

① 清洁。清除腻子表面及四周的灰尘。

② 涂抹打磨指示层（碳粉）。每更换一道砂纸打磨前都要涂抹碳粉指示层，显示未打磨区域及砂眼，方便矫正。

③ 粗磨。使用吸尘干磨机配合 P80 号筛的干磨砂纸在腻子范围内进行粗磨。

④ 中磨。涂抹指示层后，配合 P120 号筛的干磨砂纸仔细打磨腻子表面。

⑤ 细磨。涂抹指示层后，配合 P180 号筛的干磨砂纸仔细打磨腻子表面。

⑥ 检查平整度。用手感觉腻子区域长及宽是否平整。如果修补区域不平整可再进行腻子涂刮（返回腻子涂刮工序）。

⑦ 检查针孔。彻底清洁，吹风枪吹掉修补区灰尘，如果有针孔，用双组分的腻子进行填补并重新使用 P120～P180 号筛的干磨砂纸打磨。

⑧ 羽状边打磨。打磨机配合 P240 号筛的砂纸打磨羽状边，不要打磨腻子层。

⑨ 修补区周围过渡打磨。使用 P320 号筛的干磨砂纸配合双作用打磨机及软垫，从羽状边至周边范围不少于 15cm 打磨面积。

⑩ 清洁、脱脂。使用吹风枪清洁灰尘，用脱脂布脱脂，不能在腻子表面脱脂。

七、腻子涂刮工艺的注意事项

1）规范穿着、防护，规范使用工具及设备，注意操作安全。

2）刮涂前被涂装表面必须干透，以防产生气泡或龟裂，若被涂装表面过于光滑，可用 P80 号筛的干磨砂纸打磨。

3）腻子与固化剂混合比例正确。

4）腻子与固化剂混合后，必须在大约 5min 以内施涂完成。

5）涂刮时，手法要快要稳，应在一两个来回中刮平，切不可多次来回拖拉。

6）如果需涂刮的腻子层较厚，需要进行多次涂刮时，每涂刮一道都要充分干燥，每道腻子不宜过厚，一般应控制在 0.5mm 以内，否则容易收缩开裂或干不透。

7）涂刮时，涂刮腻子周围板件，残余腻子要收拾干净。

8）腻子不能长期存放于敞口的容器中，以免黏结剂变质，溶剂挥发，造成粘挂不住，出现脱落或不易涂刮等问题。

9）涂刮剩余腻子应放入指定的盛水容器里。

10）刮刀在使用以后，要立即用清洗剂（香蕉水）清洗干净再保存。

11）腻子加热干燥后，其表面温度要降到室温以后才能开始打磨。

任务实施

1. 任务准备

任务所需的资料、设备和工具见表 3-4。

表 3-4 任务准备

所需防护	工作装、橡胶手套、防毒口罩、纱手套、防尘口罩、防护眼镜
所需材料	除尘布、脱脂布、脱脂剂、清洗剂、门皮或者翼子板、打磨架、腻子、气动打磨机或手磨板配套砂纸、干磨流程作业单
所需工具	气体吹风枪、腻子调和板、刮刀、红外线烤灯、吸尘设备、气动打磨机或手磨板

2. 腻子施工任务实施流程

腻子施工任务实施流程如图 3-9 所示。

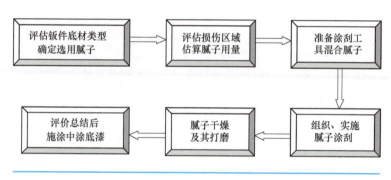

▲ 图 3-9 腻子施工任务实施流程

3. 完成下列各项任务

1) 弧形表面腻子涂刮。在弧形部位及角落时，使用橡胶刮刀较容易施工，橡胶刮刀拿法如图 3-10 所示。顶角涂刮如图 3-11 所示。

当涂刮倒置的"R"形部位时，不要施涂过量的腻子或留下任何刮刀掉下来的尘颗粒，如图 3-12 所示。

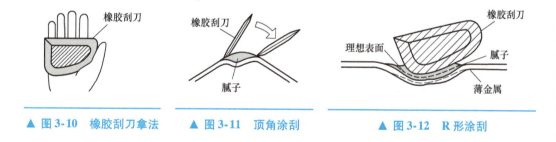

▲ 图 3-10 橡胶刮刀拿法　　▲ 图 3-11 顶角涂刮　　▲ 图 3-12 R 形涂刮

2) 在复杂表面（翼子板）圆形"R"部分涂刮腻子。

① 用力压住刮刀在整个部位涂刮腻子，在圆形部位的顶部涂刮适当的腻子，如图 3-13 所示。

② 从一端起将腻子展平，如图 3-14 所示。

③ 圆形部位底面涂刮适当的腻子，如图 3-15 所示。

④ 为了减少先前涂刮腻子的步骤，从原先腻子的边缘展平腻子，如图 3-16 所示。

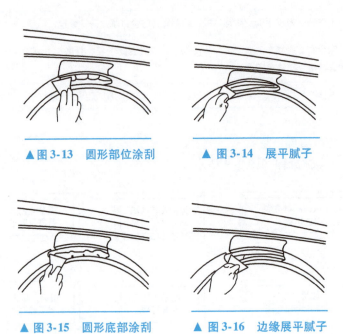

▲ 图 3-13　圆形部位涂刮　　　　▲ 图 3-14　展平腻子

▲ 图 3-15　圆形底部涂刮　　　　▲ 图 3-16　边缘展平腻子

3）请总结出在腻子涂刮过程中遇到什么困难？是怎样解决的？

 评价总结

1. 小组评价（表 3-5，总分 50 分）

表 3-5　小组评价表

操作项目	考核内容	评分标准	配分	扣分	得分
考前准备	作业时着装整齐，防护齐备，一次性备齐所需工具	酌情扣分	5 分		
操作步骤	1）部件的安全防护 2）设备及工具使用正确 3）流程符合工艺规范 4）涂刮质量	某项未做不给分，操作方法不当扣 2 分	25 分		
文明操作	操作有序、规范	酌情扣分	5 分		
安全操作	无机具、人身事故	酌情扣分	10 分		
7S 管理	整理工具、清洁场地	酌情扣分	5 分		
总计					

2. 教师总体评价（总分 50 分）

学生评价	
教学效果	
教学不足	
整改措施	

项目习题

一、判断题

1. 底漆的作用主要是提供附着力和防腐蚀。（   ）
2. 磷化底漆成膜较厚，可单独作为底漆使用。（   ）
3. 磷化底漆是将金属表面通过化学反应生成一层磷化膜。（   ）
4. 磷化底漆只有双组分涂料。（   ）
5. 腻子是一种以颜料、填充料、树脂、催干剂调配而成的呈浆状的材料。（   ）
6. 硝基腻子常用于中涂底漆上，刮涂小砂孔用。（   ）
7. 腻子主剂与固化剂混合不均匀容易产生固化不匀，附着力差、起泡和剥落等现象。（   ）
8. 刮涂第一层腻子，刮刀与底材倾斜角度以 30°为宜。（   ）
9. 刮涂第二层腻子以填平为主要作用，不求光滑。（   ）
10. 目前所用的腻子一般是由聚酯树脂制成的。（   ）
11. 打磨腻子层主要是为了取得平整光亮的表面。（   ）
12. 腻子主剂与固化剂配制后，隔日可再次使用。（   ）

二、选择题

1. 固化剂太少会导致腻子干燥速度（   ）。
   A. 快   B. 慢   C. 一样
2. 在干磨作业中，前道工序使用 P180 号筛的砂纸，则后道工序打磨应使用（   ）。
   A. P320 号筛砂纸   B. P240 号筛砂纸   C. 越细越好
3. 关于刮涂腻子的描述，正确的是（   ）。
   A. 单组分腻子的主要成分是聚氨酯树脂
   B. 第一层填补腻子时要求厚度为 25mm
   C. 双组分的腻子成效较好
4. 下列关于腻子的作用，叙述不正确的有（   ）。
   A. 提高涂层的丰满度   B. 填补较深凹陷

C. 填补性能好 D. 一般涂在底漆上

5. 腻子的刮涂范围是（　　）。

A. 在羽状边内 B. 可超过羽状边 C. 无明确规定

三、简答题

1. 简述腻子涂刮的工艺流程。

2. 简述腻子涂刮过程中的注意事项。

项目四
遮蔽

4

项目描述

通过本项目的学习,使学生熟悉汽车车身涂装中遮蔽的工艺流程,掌握遮蔽的操作技巧,具备对受损板件在中涂底漆喷涂前、面漆喷涂前,实施遮蔽保护的操作技能。

任务　遮蔽的施工

任务目标

1. 掌握遮蔽施工的工艺流程及操作方法。
2. 能根据施工条件制订出切实可行的操作方案。

任务描述

现有一事故车辆的右前翼子板受损，按照涂装工艺流程，需对受损板件实施中涂底漆喷涂及面漆喷涂，在实施喷涂前，需要对喷涂周围不需要喷涂部件实施遮蔽保护，以免喷涂漆雾对周围部件进行涂漆。

知识储备

一、遮蔽的概述

遮蔽是一种保护方法，使用胶带和遮蔽纸（或塑料薄膜）盖住不需修饰的表面。它用于在打磨、喷涂或抛光时保护相邻的表面。

一般情况下，如果进行成块重涂面漆时，它的漆雾可以扩展至车门以外1~2m，所以在做局部喷涂时一定要对不需要喷涂位置进行遮蔽。

遮蔽方法可以按涂层的面积和重涂方法的类别来分类，可分为施涂中涂底漆时的遮蔽、成块重涂时的遮蔽和点重涂时的遮蔽。

1. 施涂中涂底漆时的遮蔽

由于喷涂中涂底漆使用的空气压力低于施涂面漆的空气压力，所以工作表面的遮护工序比较简单。通常使用反向遮护法，以防止产生喷涂台阶。所谓反向遮护方法是指遮蔽纸在敷贴时里面朝外，所以沿边界黏有一薄层漆雾。这种方法用于尽可能减小台阶，使边界不太引人注目。当处理小面积（在进行点喷）时，边界可以规定在一个给定的车身板内，遮蔽有关面积，防止中涂底漆过喷，如图4-1所示。

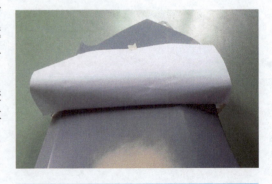

▲ 图4-1　反向遮蔽

小提示：遮护材料要贴得让同样多的中涂底漆暴露出来，而同时又不会超出打磨面积。为了防止在涂有中涂底漆的面积边缘产生台阶，要用"反向遮蔽"方法来粘贴遮蔽纸。

2. 成块重涂时的遮蔽

为了进行成块重涂，翼子板或车门之类的板件必须单独遮蔽，如图4-2所示。

3. 点重涂时的遮蔽

为了重涂翼子板的尾端，该区域必须用点重涂方法进行重涂，由于点重涂的涂装面积小于成块重涂，仅遮蔽翼子板的尾端部分就可以了。

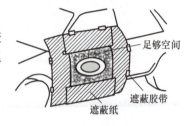

▲ 图4-2 成块重涂遮蔽

二、遮蔽的施工

遮蔽的工作程序及方法因需要重涂的面积和所用的涂装方法而异，也可以使用不同的遮蔽方法和材料，来获得理想的遮蔽效果。

本课以右前翼子板面漆重涂过程中所进行的遮蔽施工实例来介绍。

1. 遮蔽发动机舱盖

打开发动机舱盖，并用遮蔽纸胶带贴出车顶通风百叶窗和翼子板之间间隙处的边界，沿着发动机舱盖里面的封闭条粘贴遮蔽胶带，并粘贴上遮蔽纸；在发动机舱盖前端沿机舱盖前端封闭条用纸胶带规定出前端边界，并粘贴上纸胶带，如图4-3所示。

2. 遮蔽车灯

从前照灯安装区里面粘贴遮蔽胶带，并沿翼子板边缘将遮蔽纸胶带贴至前保险杠安装区，粘贴纸胶带，如图4-4所示。

▲ 图4-3 规定机舱边界

▲ 图4-4 遮蔽车灯

3. 遮蔽右前轮胎

在翼子板下部边缘使用遮蔽纸胶带粘贴出遮蔽车轮里面及车轮罩的边界，并粘贴遮蔽纸，遮蔽纸比实际需要稍长一点，将多余的长度卷在车轮罩的周围和里面，如图4-5所示。

4. 遮蔽车门

打开车门，在右前翼子板与前车身立柱之间的间隙处粘贴遮蔽纸胶带，以规定边界，并将纸胶带从车顶贴至前门安装铰链直至车门门槛板，规定车门外框的边界，关闭车门，粘贴遮蔽纸，如图4-6所示。

▲ 图4-5 遮蔽右前轮胎　　　　　　　　　　▲ 图4-6 遮蔽车门

5. 右前翼子板面漆重涂遮蔽

在经过前面几个部分遮蔽后，就实现了右前翼子板面漆重涂过程中所进行的遮蔽施工，如图4-7所示。

三、遮蔽时的注意事项

1. 清洁和脱脂

在将车辆开上工作岗位以前，先要清洗车辆，特别脏的部位要彻底清洗，用脱脂剂清洁要贴遮蔽胶带的面积，以防止在吹风或涂装时遮蔽胶带剥落。

2. 遮护的范围

所用的重喷方法和喷枪的操作方法不同，要遮护面积的范围也不同。漆雾散射的范围因所进行的是点重喷还是大面积重喷而异。因此，必须适当地遮护在每一种情况下的最小面积。开始最好将遮护面积大于必须遮护的面积。在喷涂以后，查看遮蔽纸上是否有喷涂外溢的迹象。在随后的施工中，可以逐步缩小要遮护的面积。

▲ 图4-7 右前翼子板重涂遮蔽

3. 不可拆卸部件的遮蔽

将遮蔽胶带贴在不可拆卸的部件上，并留一个小小的间隙（等于涂层的厚度）。如果不留间隙，涂料形成的涂层将会连接新涂表面和遮蔽胶带，从而使遮蔽胶带难以剥落。如果间隙太宽，那么遮蔽胶带便不能很好地遮蔽部件。

4. 圆面积的遮蔽

如果遮蔽胶带在圆面积上贴得很紧，那么它会在转角周围缩进去，从而暴露需要遮蔽的面积。为了解决这个问题，应该在接近转角的地方将胶带贴得稍稍松一点。

5. 双重遮蔽

通常使用的遮蔽胶带和纸，对涂料中所含有的溶剂的抵抗力不很强。因此，在涂料易于聚积的地方（如板边、沿特征线或要涂厚涂料的区域），贴双层遮蔽胶带和纸可以防止涂料透入遮蔽材料。

6. 遮蔽胶带的剥落

一般来说，沿边界的遮蔽胶带应在涂装后，趁涂层还是软的时候小心取下，在抛光时，应该在抛光后取下。

1. 任务准备

任务所需的资料、设备和工具见表 4-1。

表 4-1 任务准备

所需资料	《汽车涂装技术》项目四
所需材料	一辆需要对左前翼子板进行面漆涂装的教具车、遮蔽纸及胶带
所需装备	工作装、橡胶手套、脱脂布

2. 完成下列各项任务

1）简述对左前翼子板进行面漆喷涂前的遮蔽施工操作。
2）通过施工操作比较反向遮蔽与正向遮蔽的优缺点。

1. 小组评价（表 4-2，总分 50 分）

表 4-2 小组评价表

操作项目	考核内容	评分标准	配分	扣分	得分
考前准备	作业时着装整齐，防护齐备，一次性备齐所需工具	酌情扣分	5 分		
操作步骤	1）部件的安全防护 2）设备及工具使用正确 3）流程符合工艺规范 4）记录结果并进行分析	某项未做不给分，操作方法不当扣 2 分	25 分		
文明操作	操作有序、规范	酌情扣分	5 分		

(续)

操作项目	考核内容	评分标准	配分	扣分	得分
安全操作	无机具、人身事故	酌情扣分	10 分		
7S 管理	整理工具、清洁场地	酌情扣分	5 分		
总计					

2. 教师总体评价（总分 50 分）

学生评价	
教学效果	
教学不足	
整改措施	

项目习题

一、判断题

1. 遮蔽的作用是使用胶带及各种遮蔽材料保护非涂饰的表面。（　　）
2. 空气喷涂使漆雾能扩散至涂饰区外 1~2m。（　　）
3. 反向遮蔽能防止遮蔽区与涂饰区产生台阶。（　　）
4. 边沿的分界遮蔽胶带应等涂料干透后再剥落。（　　）
5. 在做局部喷涂时一定要对不需要喷涂位置进行遮蔽。（　　）
6. 沿边界的遮蔽胶带应在涂装后，趁涂层还是软的时候小心取下。（　　）
7. 只有在有关面积清洁和脱脂以后才能进行反向遮蔽。（　　）

二、简答题

1. 简述遮蔽施工的工艺流程。

2. 简述遮蔽过程中的注意事项。

项目五

中涂底漆

项目描述

通过本项目的学习,使学生熟悉中涂底漆施工的工艺流程,掌握中涂底漆施工的操作要领,具备对板件损伤处理工序后的中涂底漆喷涂、面漆前处理等中涂底漆施工的操作技能。

任务　中涂底漆的施工

1. 熟悉中涂底漆的种类及特性。
2. 熟悉中涂底漆施工工具、设备的操作方法。
3. 掌握中涂底漆施工的工艺流程及操作要领。
4. 能根据施工条件制订出切实可行的操作方案。

现有一事故车辆的左后门受损，已经对板件进行了损伤处理，按照涂装工艺流程，要求对受损板件实施中涂底漆施工。

一、中涂底漆概述

中涂底漆是底漆层与面漆层之间的涂层，也称为"二道底漆"，俗称"二道浆"。它的作用主要是增加面漆层与下面涂层间的附着力和耐蚀性，填充微小的划痕和小坑等，提高漆面平整度。它作为被涂表面与涂层之间的媒介层，使两者牢固结合，同时具有底漆和末道底漆的特性，与底漆、腻子旧涂层及面漆层有良好的配套性，即同时为底漆层和面漆层提供良好的附着力。

1. 中涂底漆的类型及性质

底漆的种类繁多，针对不同的底材要选用适当的底漆，如汽车上的材质除钢铁外，还有镀锌板及塑料等，正确选择合适的底漆是非常关键的。它不仅可以降低成本、方便施工，而且可以延长漆膜耐久性，充分发挥漆膜的作用，达到汽车涂装的质量要求。

中涂底漆根据组分分为单组分和双组分，根据树脂种类分为环氧、硝基或双组分聚氨酯丙烯酸等，其类型、性质见表5-1。

表5-1　中涂底漆的类型及性质

类　　型		性　　质
中涂底漆	硝基中涂底漆	是一种单组分中涂底漆（溶剂蒸发型），主要分为硝化棉和醇酸或烯酸树脂。含颜料较多，易沉淀，使用时应彻底搅拌均匀，其黏度用硝基稀释剂调整。具有快干特性，使其易于使用。可与各种硝基面漆以及双组分丙烯酸聚氨酯面漆调配使用

（续）

类 型		性 质
中涂底漆	聚氨酯中涂底漆	主要由聚酯、丙烯酸和醇酸树脂组成，属于双组分型中涂底漆，使用聚异氰酸脂作为固化剂。一般小面积修补直接用于金属上或磷化底漆、环氧底漆等表面，其附着力、耐水性、耐热性、耐化学性很好，打磨性及对面漆的保光性都非常好。但干燥得慢，需要以大约60℃强制干燥
	热固性中涂底漆	属于单组分（热聚合）型中涂底漆。主要由三聚氰胺和醇酸树脂组成，在喷涂烘烤漆膜之前用作底漆。它不适合普通的修补涂装，因为必须在90～120℃的温度范围内烘烤干燥

2. 中涂底漆的选择

每种颜色都有一定的灰度值，在实际的中涂底漆施工过程中，当一种面漆颜色的灰度值和中涂底漆颜色的灰度值接近时，面漆最容易遮盖住中涂底漆，这时面漆的用量最小，施工时间也最短。所以，在施工之前根据面漆颜色选择并喷涂合适灰度值的中涂底漆，可以降低成本和提高工作效率。

目前，有涂料厂商开发了三种不同灰度值的中涂底漆，可通过一定比例调配出七种不同灰度的中涂底漆成品，三种灰度值中涂底漆调配比例如图5-1所示。另外，涂料厂商在面漆颜色配方系统中提供该颜色的灰度值，方便用户根据面漆灰度值选择使用合适灰度的中涂底漆，如图5-2所示。图中SG01～SG07即为中涂底漆灰度值，SG01～SG07对应的圆内灰度即为面漆灰度。

产品编号	SG01	SG02	SG03	SG04	SG05	SG06	SG07
P565-511	100	95	80	50	0	0	0
P565-510	0	5	20	50	100	99	92
P170-5670	0	0	0	0	0	1	8

▲ 图5-1 中涂底漆调配比例

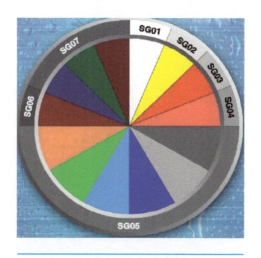

▲ 图5-2 灰度值选择

二、中涂底漆施工设备

中涂底漆的施工设备主要为喷枪和烤漆房等。

1. 喷枪

常用的喷枪种类很多，用途各不相同，根据涂料的输送方式可分为重力式（上壶）、吸上式（下壶）及压送式三种，如图 5-3 所示。目前，汽车 4S 店修理厂的涂装中较普遍使用的是重力式和吸上式。

▲ 图 5-3 喷枪的类型
a) 重力式 b) 吸上式 c) 压送式

（1）喷枪的结构原理 认识喷枪的结构及每一部件的作用，有助于喷枪的选择、使用与维护。无论何种类型的喷枪，其结构和原理基本相同。现主要介绍重力式喷枪的结构及原理，如图 5-4 所示。

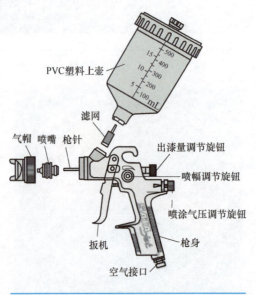

▲ 图 5-4 重力式喷枪的结构

其中，气帽、喷嘴和枪针为喷枪的关键部件，喷嘴和气帽也是雾化形成的关键。气帽上有主雾化孔、辅助雾化孔及扇幅控制孔，如图 5-5 所示。喷枪用过后，要注意清洗和维护。

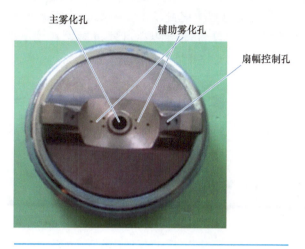

▲ 图 5-5　气帽的结构

涂料调节旋钮、喷幅调节旋钮、喷涂气压调节旋钮为喷枪的可调节部件。

使用时，首先将涂料流量、喷幅调到最大，再通过喷涂气压调节旋钮调节喷枪气压至要求的标准。

当稍微扣压扳机打开气阀门时，气流进入喷枪内的空气通道，到达气帽的各个出气孔喷出，其中从中心气孔（呈环形）喷出的气流，在涂料喷嘴出口处形成局部真空（负压）。此时针塞尚未打开，故只喷出高速气流。当扣动扳机时，气流进入喷枪并将涂料喷出。进一步压扣扳机，针塞后移打开涂料出口，此时高速气流与涂料交汇。由于在涂料喷嘴出口已形成真空（负压），而涂料罐内被涂料隔开的涂料面受到大气压力（与大气通过涂料罐上的小孔相通）作用，两端形成压力差。由于大气压力的作用，涂料被推向已被打开的喷嘴喷出。

（2）喷枪的选用　喷枪是中涂底漆施工的主要工具，要做好喷涂工作，保证喷涂质量，必须正确选用并维护好喷枪。因中涂底漆颗粒较面漆要粗大，所以在喷涂中涂底漆时，选用的喷枪口径应比面漆喷枪大，一般可根据中涂底漆种类、工件面积及需喷涂的质量等因素选用 1.5~2.0mm 口径的喷枪。

（3）喷枪的操作技术　要获得平整光滑、厚度均匀、光泽度较好的漆面，除了具备涂料质量、底漆基础、适合规格的喷枪及合适的外部环境等因素外，还需要掌握正确的喷涂操作技术。喷枪技术主要包括喷枪的控制、喷枪喷涂压力、喷涂距离、喷涂角度、喷涂速度和喷幅重叠角等操作技巧。

1）喷枪的控制。喷枪扳机为喷枪的控制部件，分为两档，第一档为欲喷空气，第二档流经喷嘴的油漆被空气雾化喷出。喷枪扳机扣得越紧，液体流速越大。为了避免每次走枪行将结束时所喷出的涂料堆积，控制喷枪扳机的手指要略略放松一点，以减少供漆量。

2）喷涂压力。正确的喷涂压力与涂料的种类、稀释剂的种类和稀释后黏度有关，一一般喷涂压力为0.35~0.5MPa，具体压力值需要通过试喷来确定。

3）喷涂距离。喷枪嘴与工件表面的距离应与喷枪的气压、喷枪的扇面调整大小以及涂料的种类相配合。喷涂距离过小，气流速度较高，涂层会出现波纹；喷涂距离过大，溶剂蒸发过多，涂层就会出现橘皮或发干。一般喷涂距离为13~25cm（可按涂料供应商提供的工艺条件操作）。实际喷涂距离可通过对贴在墙上的纸张进行试喷来确定，如图5-6所示。

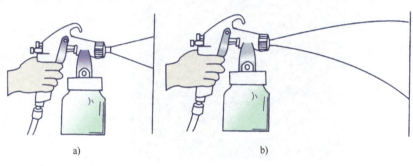

▲ 图5-6 喷涂距离试喷
a）距离过小 b）距离过大

4）喷涂角度。喷枪与工作表面应永远保持垂直（90°角），绝对不可由手腕或肘部做弧形的摆动，如图5-7所示。

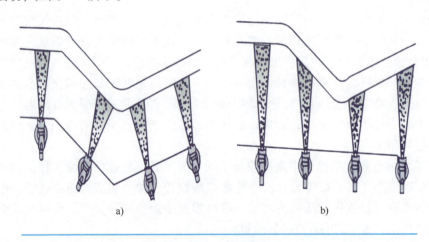

▲ 图5-7 喷涂角度
a）正确 b）不正确

5）喷涂速度。喷枪的移动速度与涂料干燥速度、环境温度、涂料的黏度有关。速度太快，着色浅，会令油漆太干，表面粗糙并容易产生橘皮；速度慢，着色深，涂层厚，较容易产生流挂现象。因此，喷枪匀速移动的速度除取决于上述因素外，还取决于油漆的类型。就一般喷涂而言，喷枪匀速移动的速度在100cm/s左右为宜。

6）喷涂重叠角。为了获得均匀的涂层，喷雾涂层的厚度应该均匀，正确的喷雾图形重叠幅度应为第二层与上一层重叠1/2~2/3，如图5-8所示。

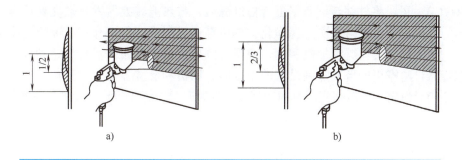

▲ 图5-8 喷涂重叠角

a) 重叠1/2 b) 重叠2/3

2. 烤漆房

烤漆房一般是用来喷涂和烘烤车漆的，因此，烤漆房最确切的描述应为"喷烤漆房"。现代汽车烤漆房国内外品牌型号繁多，不同型号大致可归为通用型、中型和远红外三类，主要是其配备标准不同。汽车烤漆房如图5-9所示。

▲ 图5-9 汽车烤漆房

喷漆时，外部空气经过初级过滤网过滤后由风机送到房顶，再经过顶部过滤网二次过滤净化后进入房内。房内空气采用全降式，以0.2~0.3m/s的速度向下流动，使喷漆后的漆雾微粒不能在空气中停留，而直接通过底部出风口被排出房外。这样不断地循环转换，使喷漆时房内空气清洁度达98%以上，且送入的空气具有一定的压力，可在车的四周形成一恒定的气流，以去除过量的油漆，从而最大限度地保证喷漆的质量。

烤漆时，将风门调至烤漆位置，热风循环，烤漆房内温度迅速升高到预定干燥温度

（55~60℃）。风机将外部新鲜空气进行初过滤后，与热能转换器发生热交换后送至烤漆房顶部的气室，再经过第二次过滤净化，热风经过风门的内循环作用，除吸进少量新鲜空气外，绝大部分又被继续加热利用，使得烤漆房内温度逐步升高。当达到设定的温度时，燃烧器自动停止；当下降到设置的温度时，风机和燃烧器又自动开启，使烤漆房内温度保持相对恒定。最后当烤漆时间达到设定的时间时，烤漆房自动关机，烤漆结束。

三、中涂底漆施工工艺

在腻子施涂完成并取得良好效果以后，表面必须经过一个中涂底漆工序，该工序包括表面修饰，清除打磨划痕、防锈及其封闭，以增进面漆的附着力。

1. 安全防护

进行中涂底漆打磨时，需要戴安全眼镜、防尘口罩、棉纱手套，穿专用喷涂服、工作鞋。在实施喷涂施工时，要更换防尘口罩为防毒面具或活性炭防护口罩，更换棉纱手套为防溶剂手套。

2. 打磨

如果不做任何处理就将中涂底漆或涂料直接涂到重修的表面上，那么涂层之间的附着力是很小的。当受到振动或弯曲力时，涂层往往会分离。因此，在施涂任何涂层前，必须产生一些诸如砂纸那样的微小划痕，以暴露工件的活性表面，并增加表面面积，从而增大附着力，这个工序叫作打磨。

给面漆喷涂素色漆时，采用双动作干磨机加软磨垫配合320~400号筛的砂纸打磨；给面漆喷涂金属漆时，采用干磨机加软磨垫配合500~600号筛的砂纸打磨。

3. 清洁和脱脂

要特别注意从针孔和其他缝隙中清除打磨微粒，用压缩空气吹针孔和缝隙表面及其周围，用除油剂进行正常的脱脂工作。

4. 遮蔽

可根据喷涂需要，使用胶带或纸盖住不需修饰的表面。

5. 混合中涂底漆

按照图5-2所示选择合适灰度的中涂底漆，使用适当的计算仪器，按照中涂底漆制造商所给的指标，在要喷涂的中涂底漆中添加配套固化剂和稀释剂。

6. 喷涂中涂底漆

要获得平整光滑、厚度均匀和光泽度较好的漆面，除了具备涂料质量、底漆基础、适合规格的喷枪等因素外，还需要掌握正确的喷涂操作技术。

7. 清洁、除尘

干磨结束后，用吹风枪或除尘布进行清洁、除尘。

四、中涂底漆施工技术实例

汽车修补涂装中，被涂物的情况不同，喷漆走枪的手法也略有不同，但是无论是什么形状的板件,安装于什么位置,走枪时,基本按照从高到低、从左到右、从上到下、先里后外的顺序进行。以下为几种常见汽车板件的喷漆走枪手法:

1. 车门的喷涂顺序

首先喷涂车门框的顶部,然后下移至车门的底部。如果只喷涂一个车门,首先应该喷涂车门边缘,如图5-10所示。

2. 前翼子板的喷涂顺序

发动机舱盖的边缘和前翼子板的翻边应该首先喷涂,然后是前照灯周围部分、面板的穿起部分,最后是面板的底部,如图5-11所示。

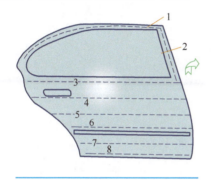

▲ 图5-10 车门的喷涂顺序

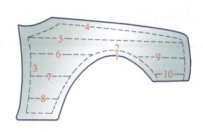

▲ 图5-11 前翼子板的喷涂顺序

3. 后翼子板的喷涂顺序

首先应该喷涂边缘,然后采用自上而下的喷涂路径进行喷涂作业,如图5-12所示。

4. 发动机舱盖的喷涂顺序

首先喷涂发动机舱盖的边缘,然后是发动机舱盖的前部,下一步是前翼子板的侧面。由于板件较大,应从中心开始向边缘进行喷涂。另一侧也使用相同的方法喷涂,如图5-13所示。

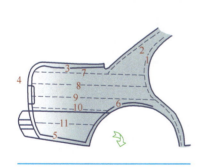

▲ 图5-12 后翼子板的喷涂顺序

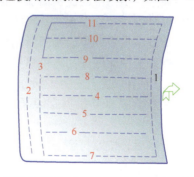

▲ 图5-13 发动机舱盖的喷涂顺序

5. 车顶盖的喷涂顺序

为了便于车顶盖的喷涂施工,喷涂工人应该借助工具,以便能够够到车顶中心,首先从一侧的风窗玻璃边缘开始喷涂,然后从中心开始喷涂一侧,完成后再用相同的方法完成后部和另一侧的喷涂,如图5-14所示。

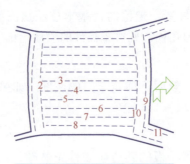

▲ 图5-14 车顶盖的喷涂顺序

1. 任务准备

任务所需的资料、设备和工具见表5-2。

表5-2 任务准备

所需资料	《汽车涂装技术》项目五
所需设备	气体吹风枪、中涂底漆喷枪、高压气管、过滤漏斗、喷涂架、烤漆房
所需装备	工作装、橡胶手套、防毒口罩、防护眼镜、底漆刷或脱脂布
所需材料	除尘脱脂布、脱脂剂、遮蔽纸及纸胶带、中涂底漆及配套的固化剂与稀释剂

2. 注意事项

1）规范穿着防护用品，规范使用工具及设备，注意操作安全。
2）在使用中涂底漆前，必须搅拌，使中涂底漆颜料充分混合。
3）按照底漆说明书中的比例添加固化剂与稀释剂，使混合比例正确。
4）调节好烤漆房喷涂参数。
5）喷枪的各项参数调整应参阅所用中涂底漆的使用说明。
6）将调配好的中涂底漆用喷枪喷到工件腻子表面，第一层喷涂完毕后要留有足够的静置干燥时间，待第一层干燥失去部分光泽后，再继续喷涂第二层、第三层中涂底漆。
7）中涂底漆涂膜厚度根据底漆品种确定。涂层应均匀、完整，不应有露底或流挂现象。
8）彻底干燥后，按照打磨工艺规程打磨中涂底漆。

3. 作业准备

1）进入工位前，将工位清理干净，准备好相关器材。
2）操作人员防护用品齐备、规范。
3）检查所使用的设备能否正常工作。
4）根据工作流程作业单再次确认所需要的材料是否齐全，摆放是否到位。

4. 完成下列各项任务

1）完成翼子板的中涂底漆喷涂，并简述中涂底漆的喷涂技巧及规范工艺流程。

2）面漆需喷涂双工序金属漆，进行中涂底漆打磨时，应该选用（　　）的砂纸。

A. 320 号筛　　　B. 400 号筛　　　C. 500 号筛

3）喷涂中涂底漆时，选用的喷枪口径一般为_____mm。

评价总结

1. 小组评价（表 5-3，总分 50 分）

表 5-3　小组评价表

操作项目	考核内容	评分标准	配分	扣分	得分
考前准备	作业时着装整齐，防护齐备，一次性备齐所需工具	酌情扣分	5 分		
操作步骤	1）部件的安全防护 2）设备及工具使用正确 3）流程符合工艺规范 4）记录结果并进行分析	某项未做不给分，操作方法不当扣 2 分	25 分		
文明操作	操作有序、规范	酌情扣分	5 分		
安全操作	无机具、人身事故	酌情扣分	10 分		
7S 管理	整理工具、清洁场地	酌情扣分	5 分		
总计					

2. 教师总体评价（总分 50 分）

学生评价	
教学效果	
教学不足	
整改措施	

项目习题

一、判断题

1. 喷枪上辅助孔的作用是雾化涂料并控制漆雾的形状。（　　）

2. 涂料调节旋钮和枪针在一条直线上，它调整枪针和喷嘴的开口距离大小，从而能调整喷幅的大小。（　　）

3. 如果喷枪气压过大，会使出漆量增大，涂膜过厚，导致流挂、溶剂泡等缺陷。（　　）

4. 逆时针转动涂料调节旋钮可减少出漆量，顺时针转动涂料调节旋钮可增加出漆量。（   ）

5. 喷涂时，喷枪需要与工件表面保持垂直并保持合理距离。（   ）

6. 喷涂路线应该按照从高到低、从上到下、先里后外的顺序进行。（   ）

7. 喷枪的喷嘴每次使用后都需要清洗。（   ）

8. 汽车修补漆烤漆房的烘烤温度要能达到60～80℃。（   ）

9. 单组分中涂底漆可以喷涂在塑料保险杠上。（   ）

10. 当一个面漆颜色的灰度值和中涂底漆颜色的灰度值相同时，面漆最容易遮盖住中涂底漆。（   ）

11. 免磨中涂底漆可以调配出不同的灰度。（   ）

12. 中涂底漆在打磨前不需要施涂碳粉指示层。（   ）

13. 对于中涂底漆纹理较粗或填充过腻子的区域，可以使用手工打磨垫块及P180号筛的干磨砂纸进行整平，打磨消除缺陷。（   ）

14. 中涂底漆的打磨标准为表面已打磨光滑且打磨边缘呈羽状，无台阶。（   ）

二、选择题

1. 不适合汽车维修行业修补漆喷涂的喷枪是（   ）。
   A. 压送式　　　　B. 重力式　　　　C. 吸力式

2. 下壶枪指的喷枪类型是（   ）。
   A. 压送式　　　　B. 重力式　　　　C. 吸力式

3. 喷枪椭圆形的喷幅一般有三层，中间的区域叫作（   ）。
   A. 湿润区　　　　B. 雾化区　　　　C. 过渡雾化区

4. 使用不太好的面漆喷枪喷涂底漆，不会导致（   ）。
   A. 底漆漆膜过厚　B. 底漆填充性不够　C. 增加喷涂遍数

5. 可以控制漆雾形状的是（   ）。
   A. 喷枪中心孔　　B. 喷枪角孔　　　C. 喷枪雾化孔

6. 当调整喷枪时，如果喷涂出的流痕中间比两边长，则表示（   ）。
   A. 出漆量调整过大　B. 气压调整过高　C. 扇面调整过宽

7. 底色漆雾喷时喷幅重叠幅度一般为（   ）。
   A. 1/2　　　　　B. 1/3　　　　　C. 3/4

8. 烤漆房的进风口过滤棉需要按照厂家的要求定期清洁更换，一般的更换时间为（   ）。
   A. 60～80h　　　B. 80～100h　　　C. 100～120h

项目六
调色

项目描述

　　颜色精准决定了汽车修补的质量，目前很多汽车生产厂都会对每种车色编定色号，同时涂料生产厂商也会为每个色号开发、制作修补漆的颜色配方，但是由于使用环境、气候环境等种种原因，车辆修补时往往需要对色漆配方进行微调，以更好地与车辆颜色匹配，这就是常说的调色。好的专职调色技师，既能喷涂又能调色，在汽车修补行业十分受欢迎。

任务一　涂料的理论知识

1. 了解涂料的组成成分及分类。
2. 熟悉各类型涂料的特性。
3. 熟悉颜色的相关理论及调色理论。
4. 能进行素色漆、简单的金属漆、水性漆调色。
5. 能制订切实可行的操作方案。

现有一漆面受损的奔驰轿车需要对该车漆面进行涂装美容。由于水性漆优良的光泽效果，客户要求使用水性漆进行涂装，因此，在喷涂前需要调配所需水性漆颜色的面漆。

一、涂料及涂料的组成

涂料是指涂布于物体表面且固化成膜的一类液体或固体材料的总称。它主要由成膜物质、颜料、溶剂和助剂四种成分组成。在物体表面干燥之后，溶剂和助剂均需彻底挥发，留下成膜物质和颜料固化形成所需强度与韧性的漆膜。涂料的组成见表6-1。

表6-1　涂料的组成

序号	主要组成		具体组成成分	作用
1	成膜物质	油料	动物油	鱼肝油、带鱼油、牛油等	使涂料牢固附着于被涂物表面，形成连续的固态涂膜，是涂料的主要组成成分和基础
			植物油	桐油、亚麻油、豆油、菜籽油、椰油、花生油等	
		树脂	天然树脂	松香、沥青、虫胶等	
			人造树脂	橡胶、松香衍生物等	
			合成树脂	醇酸、酚醛、聚氨酯等	
2	颜料	体质颜料	碳酸钙、石英粉、氧化镁等		赋予涂料色彩、耐候性、遮盖力、光泽度，改善涂料性能等
		着色颜料	有机颜料	钛白、炭黑、铁红等	
			无机颜料	甲苯胺红、酞菁蓝等	
		防锈颜料	红丹、氧化铁红、铅锌粉等		

(续)

序号	主要组成	具体组成成分	作　用
3	溶剂	水、松节油、醇类溶剂、烃类溶剂、酯类溶剂等	改善或改变涂料的某些性能，满足施工工艺
4	助剂	固化剂、增塑剂、流平剂、催干剂、哑光剂等	根据需要改变涂料的部分物理性能或化学性能

二、涂料的分类

涂料的分类方式很多，常见的是以成膜物质和固化机理两种方式来分的。

1. 按涂料中的主要成膜物质来分

根据国家标准 GB/T 2705—2003 规定，涂料产品的分类以主要成膜物质为基础，成膜物质有 17 种，因此，涂料也相应地分为 17 大类，见表 6-2。

表 6-2 涂料的分类

序　号	代　号	涂料类别	主要成膜物质
1	Y	油脂涂料	天然动植物油、清油（熟油）、合成干性油
2	T	天然树脂涂料	松香及衍生物、虫胶、动物胶、大漆及其衍生物
3	F	酚醛树脂涂料	纯酚醛树脂、改性酚醛树脂、二甲苯树脂
4	L	沥青树脂涂料	天然沥青、煤焦沥青、石油沥青
5	C	醇酸树脂涂料	甘油醇酸树脂和各种改性醇酸树脂
6	A	氨基树脂涂料	脲醛树脂、三聚氰胺甲醛树脂、改性氨基树脂
7	Q	硝基树脂涂料	硝化纤维素和改性硝化纤维素
8	M	纤维素树脂涂料	醋酸纤维素、苄基纤维素、乙基纤维素、羟甲纤维素
9	G	过氯乙烯树脂涂料	过氯乙烯树脂及改性过氯乙烯树脂
10	X	乙烯树脂涂料	氯乙烯共聚树脂、含氟树脂、聚苯乙烯、石油树脂
11	B	丙烯酸树脂涂料	丙烯酸树脂、丙烯酸共聚树脂及其改性树脂
12	Z	聚酯树脂涂料	饱和聚酯、不饱和聚酯树脂
13	H	环氧树脂涂料	环氧树脂、脂肪族聚烯烃环氧树脂、改性环氧树脂
14	S	聚氨酯树脂涂料	加成物、预聚物、缩二脲及异氰脲酸酯、多异氰酸酯
15	V	元素有机聚合物涂料	有机硅、有机钛、有机铝、有机磷等元素聚合物
16	J	橡胶涂料	天然橡胶及其衍生物、合成橡胶及其衍生物
17	E	其他涂料	以上 16 类包括了成膜物质，如无机高聚物等

2. 按涂料成膜的固化机理分

涂料从液态到固态的变化过程、变化条件不尽相同。按其固化机理可把涂料大致分为溶剂挥发型、氧化固化型、高温固化型和双组分固化型四种。

（1）溶剂挥发型　溶剂挥发型涂料常温干燥，不发生氧化反应。涂层一般较薄，硬度不高，耐溶剂性、耐候性较差，如硝基树脂涂料、过氯乙烯树脂涂料、热塑性丙烯酸树脂涂料。

（2）氧化固化型　氧化固化型涂料在常温空气中固化，溶剂挥发的同时，树脂吸收氧气发生氧化聚合反应，从而固化成膜。涂膜质量一般，干燥较慢，耐候性较差，如油脂涂料、天然树脂涂料、酚醛树脂涂料、醇酸树脂涂料等。

（3）高温固化型　高温固化型涂料在高温（140℃）作用下树脂发生交联反应而固化成膜。涂膜硬度高，耐溶剂性、耐候性等非常好。常用的有氨基树脂涂料、热固性丙烯酸树脂涂料。

（4）双组分固化型　双组分固化型涂料由涂料及与之配套的固化剂混合组成，树脂与固化剂发生化学反应固化成膜，可常温或低温烘烤干燥。涂膜硬度较高，耐候性、耐溶剂性较好。多用于修补涂装，如环氧树脂涂料、聚氨酯树脂涂料等。

3. 按是否含有颜料分

如果涂料中含有着色颜料则称为色漆，含有体质颜料无丰富颜色的称为腻子，没有颜料且透明的称为清漆。

4. 按溶剂类型分

用有机溶剂作为稀释剂的称为溶剂型涂料，用水作为稀释剂的称为水性涂料，涂料中没有挥发性稀释剂的称为无溶剂涂料，无溶剂而又呈粉末状的称为粉末涂料。

三、涂料的特性

1. 油脂类涂料

油脂类涂料是以各种干性油脂作为主要成膜物质，再加入催干剂和其他辅助材料混合而成的一种涂料，其特点是：具有较好的渗透能力，附着力强；与空气中的氧作用自行干燥成膜；干燥后涂层柔韧性好，气味和毒性小；耐候性强，防锈能力好（如红丹防锈底漆）等，可调配成为腻子。

2. 天然树脂类涂料

天然树脂类涂料是以天然树脂（如虫胶、松香、天然沥青、琥珀、珂巴树脂、安息香脂等），加上各种干性植物油混合炼制后，再加入催干剂、有机溶剂和颜料等组成的一类涂料。这类涂料成膜性好，外观光亮丰满、色泽鲜艳，装饰与保护性能好，但耐久性差，在空气中使用不长时间就会失去光泽，并发生龟裂和粉化等，而且抗水性和耐热性差。

3. 酚醛树脂类涂料

酚醛树脂类涂料是以酚醛树脂和改性酚醛树脂为主要成膜物质，加入桐油和其他干性油混合炼制后，再加入颜料、催干剂、有机溶剂和其他辅助材料混合调制而成的一类涂料。这类涂料涂层坚硬、光亮、易干燥，有良好的电绝缘性能和防腐性能。其不足之处是涂层易泛黄，且耐水性和力学性能差。

4. 醇酸树脂类涂料

醇酸树脂类涂料是以多元醇、多元酸及脂肪酸经缩合而成的醇酸树脂和改性醇酸树脂为主要成膜物质的涂料。这类涂料中有短、中、长油度的干性、半干性、不干性三种醇酸树脂为主基料配制的多个品种，是合成树脂类涂料中最重要的一种类型。

这类涂料具有优良的附着力，耐候性好，不易老化，涂层光泽好，保光保色性好，涂层坚硬耐磨，力学性能好，耐油性能好等多种优点。

5. 氨基树脂类涂料

氨基树脂类涂料是以氨基树脂与醇酸树脂混合制成的。这类涂料经烘烤成膜，所形成的涂层附着力强、色泽鲜艳、力学强度高、光泽好，有优良的保光保色性，具有耐油、耐水、耐碱、耐溶剂、耐热和抗老化等优点。其缺点是涂层必须烘烤才能成膜，且烘烤温度不能过高，否则涂层会变色、变脆，使涂层性能下降。

6. 过氯乙烯树脂类涂料

过氯乙烯树脂类涂料的主要成膜物质是过氯乙烯树脂或改性过氯乙烯树脂，有时还加入改性醇酸树脂，以提高性能。这类涂料干燥迅速（可自干），涂层柔韧光亮，具有好的耐候性和好的耐油、耐水、耐蚀性。但其附着力稍差，涂层较软且耐热性差，对涂装条件要求高。

7. 乙烯树脂类涂料

乙烯树脂类涂料是以含双键的乙烯及其衍生物本体聚合或共聚形成的乙烯树脂为主要成膜物质，再加入其他辅助材料调制而成。若再加入其他类树脂，可调制成各种不同性能的专用涂料。乙烯树脂类涂料的共同特点是：涂层柔韧性好、色泽艳丽、保色保光性好、耐久不变色、不泛黄、附着力强、耐磨。其缺点是涂层耐溶剂性能差，涂层薄。该类涂料可自干或烘干。

8. 聚酯树脂类涂料

聚酯树脂类涂料的主要成膜物质有饱和聚酯树脂和不饱和聚酯树脂两类。其中以不饱和聚酯树脂制成的涂料品种较多，这类涂料形成的涂层能自干也可烘干。涂料含溶剂少，涂层较厚，光亮丰满，保色保光性能好，涂层坚硬耐磨，以及能耐弱酸、弱碱等。其缺点是涂层附着力差，涂层较脆，涂料稳定性差，难以保管。

9. 环氧树脂类涂料

环氧树脂类涂料是以环氧树脂和改性环氧树脂为主要成膜物质的一类涂料，这类涂料干燥成膜后其涂层坚硬耐磨、柔韧性好、耐水、耐热、耐腐蚀，有好的附着力，电绝缘性好。其缺点是不耐紫外线，室外使用时涂层易失光、龟裂和粉化。

10. 聚氨酯树脂类涂料

聚氨酯树脂类涂料是以聚氨基甲酸酯树脂为主要成膜物质。有优良的附着力，涂层光滑平整、坚硬而柔韧，且色泽鲜艳装饰性好，能耐油、耐酸、耐碱腐蚀，保色保光性好。其缺点是涂料必须现用现配，在潮湿的情况下进行涂装，涂层易起泡，涂料毒性大。

任务实施

1. 任务准备

任务所需的资料、设备和工具见表6-3。

表 6-3　任务准备

所需资料	《汽车涂装技术》项目六任务一
所需材料	底漆（配固化剂、稀释剂）、天然树脂涂料及其他涂料各一桶
所需装备	工作装、橡胶手套、防毒口罩、防护眼镜、底漆刷或脱脂布

2. 完成下列各项任务

1）涂料是指涂布于物体表面且_____的一类液体或固体材料的总称。它主要由_____、_____、溶剂和_____四种成分组成。

2）简述涂料不同分类方式及其特性。

评价总结

1. 小组评价（表 6-4，总分 50 分）

表 6-4　小组评价表

操作项目	考核内容	评分标准	配分	扣分	得分
考前准备	作业时着装整齐，防护齐备，一次性备齐所需工具	酌情扣分	5 分		
操作步骤	1）安全防护 2）设备及工具使用正确 3）流程符合工艺规范 4）记录结果并进行分析	某项未做不给分，操作方法不当扣 2 分	25 分		
文明操作	操作有序、规范	酌情扣分	5 分		
安全操作	无机具、人身事故	酌情扣分	10 分		
7S 管理	整理工具、清洁场地	酌情扣分	5 分		
总计					

2. 教师总体评价（总分 50 分）

学生评价	
教学效果	
教学不足	
整改措施	

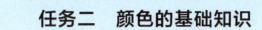

任务二　颜色的基础知识

任务目标

1. 了解颜色的基础知识。
2. 掌握颜色属性在孟赛尔颜色系统中的变化规律。
3. 熟悉调色的设备及工具。

任务描述

现有三辆分别为红、黄、蓝不同颜色的车辆，请用颜色属性的基础知识对其进行对比分析，以便为其颜色调配做好充分的理论知识准备。

知识储备

一、颜色的基础知识

1. 颜色的基本认识

所谓颜色，从科学的角度来看，是眼睛对光波传递的感知。人们要感受到颜色，必须具备以下三个要素：光源、眼睛和观察对象，如图 6-1 所示。

▲ 图 6-1　颜色三要素

光源就是发光的物体，常见的光源有三种：白炽灯、荧光灯和太阳光。

太阳光是一种电磁辐射，这种辐射由不同波长的电磁波组成，利用三棱镜或者光栅能分辨出许多单一的有色光带，光谱颜色从紫到红，就好像彩虹一般。常将这种有色光带称为可见光谱，如图6-2所示。

▲ 图6-2 可见光谱

太阳光包括了可见光谱中所有颜色带，是最佳的调色光源，但是不同时间、不同天气时的光线有强有弱，光线弱时就会影响调色，因此需要有稳定的不受时间地域影响的标准光源。设备完善的油漆车间应该有良好的自然光线或配备专用的对色灯箱，以便正确地查看颜色。

使用标准光源对色灯箱，以确保调色不受环境的影响（一般称为调色灯箱），它通常配置有 D65（国际标准人工日光）、TL84（普通荧光灯）、CWF（冷白光源）、F（普通白炽灯）、UV（紫外灯）五种光源，其中 D65 为最接近自然光的人工光源，可获得最佳的比色效果，使用标准光源对色灯箱进行比色时，在调试时可切换其配置的几种不同的光源进行比色，以确保颜色准确并避免条件等色。

人的眼睛具有三种基本神经：感红、感绿和感蓝，并由此合成多种色感。光谱的不同能引起这三种视觉神经不同比例的兴奋，并将这些兴奋转化成信号传到大脑，而大脑将这些信号转换为色彩，于是就看到了颜色。

颜色视觉正常的人，可以用红、绿、蓝三原色光混合出光谱上的各种颜色，但每个人的眼睛对颜色的感受灵敏度有差别。即使辨色能力正常的人，有些人感受的颜色会偏红，还有些人感受的颜色会偏蓝。随着年龄的增长，人的辨色能力还会下降。

此外，还有少数的人，对颜色的辨别能力较差，无法辨别某些或所有的颜色，存在色觉缺陷。所有从事汽车修补和调色的人员，首先进行色觉检查，以确保没有颜色的色觉缺陷。

观察对象也就是所看到的物体。它之所以能被看到，是由于光线在其表面发生了反射，被眼睛所接收，再通过视觉神经的传递，在大脑中"合成"出了物体的色彩。一般而言，物体对照射到其表面的光源有反射、折射和吸收三种反应。反射就是光线被物体表面反射，物体的颜色往往由其反射光的颜色来决定；吸收就是光线被物体吸收，"消失掉了"。

当全反射时，看到的是白色；全吸收时看到的是黑色；而部分吸收和部分反射时，看到的则是反射光的不同波长对应的颜色。一个有色（红色）的表面之所以看起来是红色，是因为它只反射光谱中的红波长，而其他波长都被吸收了。

所以简单地说，物体的颜色就是其反射光线色。

2. 颜色的属性

颜色的属性主要有三个：色相、明度和彩度。正确掌握这三个属性及其相互关系，是调配合格颜色的基础与关键。

(1) 色相　色相也称为色调或色度,是颜色的第一个属性,可将物体按照这一特性描述为红色、橙色、黄色、绿色、蓝色或紫色。色彩系统中物体最基本的色相是红色、黄色和蓝色,它们也称为"物体的三原色",如图6-3所示。从理论上来讲,所有的颜色都可以用这三种颜色调配出来。

当红、黄和蓝其中两色混合后可得到第三种颜色,把它称为再生色:黄+红=橙,红+蓝=紫,蓝+黄=绿。当任意两个再生色混合后又会得到次生色:橙+绿=香橼色,紫+绿=橄榄色,紫+橙=铁锈色。

可以看出,再生色的彩度低于原色,而次生色的彩度更低,而且颜色变得更深,这也是由于颜色的混合是减色混合的原因。这也是为什么调色时将颜色由鲜艳向浑浊调整相对比较容易,即降低彩度比较容易,而增加彩度比较难的原因,并且,当加入的色母种类越多时,颜色就往往越浑浊,所以调色时要尽量使用配方中的色母,慎重添加非配方中的色母,第一防止所调出的颜色出现条件等色,第二防止添加非配方中色母种类过多导致颜色浑浊。

按照物体的三原色相加得到再生色的原理,可将显著不同的色相排成一个圆环,沿着圆环的周边每向前一步,色相都会产生变化,如图6-4所示。

▲ 图6-3　物体的三原色

▲ 图6-4　色相变化圆环

(2) 明度　明度是指颜色的明亮程度,常用暗淡、鲜艳和靓丽等词语形容。

(3) 彩度　彩度是指颜色呈现出来的饱和程度,常用饱满和深浅等词语形容。彩度随着色相和明度的变化而变化,因此调色时要注意三者的相互变化对颜色的影响。

3. 孟塞尔颜色系统

孟塞尔颜色系统所描述的所有颜色的集合体称为孟塞尔色立体(Munsell color solid),如图6-5所示。

它的中央轴(南北轴)代表明度等级,经度代表色相,某特定颜色与中央轴的水平距离代表彩度,即中央轴上的中性色的彩度为0,离中央轴越远,彩度数值越大。孟塞尔颜色系统对颜色的具体定位方式如下:

(1) 色相的表示方法　孟塞尔颜色系统分为5个主色调(红、黄、绿、蓝、紫),在

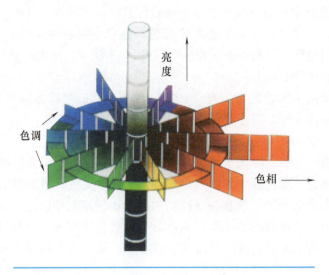

▲ 图6-5　孟塞尔色立体

相邻的两个主色中又定义了 5 种中间色（黄/红、黄/绿、蓝/绿、蓝/紫、红/紫），并把所有的色调连成了一个色环。同时，每一种色相又被分为 10 份，用 0～10 刻度表示。5 是标准色，如 5R、5G 分别代表标准红色调和标准绿色调。而对于黑、白、灰这些无彩色，则都统一使用 N 表示它们的色调。

（2）明度的表示方法　孟塞尔颜色系统是一个立体的结构，中间是一根垂直的轴，越往上越亮，越往下就越暗。明度分为 11 个等级，最亮的是白色，明度为 10，最低的是黑色，明度为 0。当然实际上绝对的黑色或白色都是不存在的，这是因为现在的技术不足以合成最高和最低的亮度，但通过这样的数值，可以大致了解现有物体的明暗程度。

（3）彩度的表示方法　某一特定颜色与中央轴的水平距离代表彩度，它表示具有相同明度值的颜色离开中性色的程度。彩度可以直接通过色环看出。颜色离中心越远，色彩就越纯净，彩度就越高；离中心越近，色彩就越灰，彩度就越低。彩度也有刻度，如 0、2、4、6、8……当彩度是 0 时，为系统的中心轴，即没有色彩的黑色、白色或灰色（中性色）。

（4）颜色属性规律总结　颜色三个基本属性在孟塞尔颜色系统中变化规律如图 6-6 所示。

① 色从色轮外圈向内移动，彩度降低。
② 色调只可沿着色轮向左右两边移动，即红色只可能偏黄或偏蓝，而不可能偏绿。
③ 色轮上两个相对色调的颜色混合，颜色变浊、变黑；颜色越向上，亮度越高。

（5）孟塞尔颜色系统的表示方法　孟塞尔颜色系统对颜色的表示方法为：×××/×。第 1 位代表色调的数值，第 2 位为代表色调的颜色（即前面提到的基本分类色调，用字母表示），第 3 位代表明度值，第 4 位则代表彩度值，如 5R4/14 代表明度为 4、彩度为 14 的正红色，6RP4/12 代表明度为 4、彩度为 12 的纯红紫色。另外，N0/代表绝对黑色，N10/代表绝对白色，N5/代表中灰色。

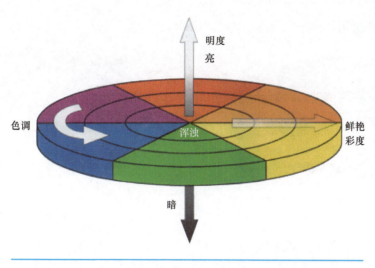

▲ 图 6-6　颜色属性变化

二、调色设备

调色设备主要有油漆搅拌机、电子秤、调色电脑、颜色分析仪、对色灯箱、烤箱、比色卡、比例尺、搅拌器和调漆杯等。

1. 油漆搅拌机

油漆搅拌机通常采用电动机带动，自动搅拌。目的是将涂料的颜料、树脂与溶剂等充分搅拌混合，以便于调色均匀，如图 6-7 所示。

2. 电子秤

电子秤用于精确计量所加色母的质量，减少微调次数和颜色差异。常用的电子秤有精确度 0.1g 和精确度 0.01g 两种，如图 6-8 所示。

▲ 图 6-7　油漆搅拌机

▲ 图 6-8　电子秤

3. 对色灯箱

通过模拟各种光线，对所调颜色进行比对，减小调色的误差，如图 6-9 所示。

4. 烤箱（或红外线烤灯）

加速干燥施涂在比色卡上的涂料，以便观察所调颜色涂料在 75 涂膜时与标准色的差异，如图 6-10 所示。

▲ 图 6-9　对色灯箱

▲ 图 6-10　烤箱

5. 比例尺、比色卡、调漆杯

比例尺、比色卡和调漆杯用于盛装色母、搅拌混合色母、比对颜色等。

6. 颜色分析仪

颜色分析仪是指通过接触标准色，快速检测出该颜色调色配方的诊断仪器。其准确度不高，局限性较大，成本较高，故多使用在进口品牌涂料的快速调色中。

三、调色步骤

1）调色时需穿戴安全防护（安全眼镜、防毒面具、耐溶剂手套、防静电工作服、安全鞋）。

2）查找原厂漆号。大部分汽车制造商都会在车身铭牌上注明色漆号。

3）选择颜色配方，比较颜色与色卡有无色差（偏红、偏绿等）。选择一个较色卡颜色浅的配方作为起始配方来进行微调。

4）称量色母。称量色母时要把累积量配方计算为净含量配方来称量，否则，称量误差累积会造成颜色配方不够准确。

5）搅拌色母，并喷涂试色板。素色漆可以用比例尺蘸点湿漆料出来与车身板样（标准色卡）比色微调，其他色漆需喷涂试色板（试色板需和喷涂标准板或车身的条件一致）。

6）烘干试色板。使用色卡烘烤灯箱烘干，水性漆则需使用专用吹风筒吹干。

7）比色。需在自然光或标准光源对色灯箱里比较颜色。对于金属漆要从三个角度比较颜色，以确保各个角度下的颜色准确：

① 正面，即与比色板成 90°~120°角。

② 半侧面，即与比色板成 45°角。

③ 侧面，即与比色板成 180°角。

8）重复步骤 5）~步骤 7），直至颜色接近可以喷涂。

 任务实施

1. 任务准备

任务所需的资料、设备和工具见表 6-5。

表 6-5 任务准备

所需资料	《汽车涂装技术》项目六任务二
所需材料	颜色系统、比色板、比色卡等
所需装备	调漆设备、安全防护套装

2. 完成下列各项任务

1）简述颜色的基本属性及在孟赛尔颜色系统中变化规律。

2）分组练习调漆设备的使用。

3）分组练习素色漆的调配步骤并归纳总结。

评价总结

1. 小组评价（表 6-6，总分 50 分）

表 6-6 小组评价表

操作项目	考核内容	评分标准	配分	扣分原因	得分
安全防护	正确穿戴防护服用品	每少戴或错戴一个扣 5 分	5 分		
查找颜色配方	颜色代码查询	未找到代码扣 2.5 分	5 分		
	计算机配方查询	未查到配方扣 2.5 分			
称量配方	色母准备	未按要求准备色母扣 5 分	10 分		
	色母称量	未从大到小称量色母扣 5 分			
颜色微调	喷涂色板	喷涂方法不正确扣 5 分	20 分		
	比对颜色	颜色比对方法不正确扣 5 分			
	色母确认	色母添加不正确扣 10 分			
场地整理	恢复工作场地	每处未恢复扣 5 分	10 分		
		总计			

2. 教师总体评价（总分 50 分）

学生评价	
教学效果	
教学不足	
整改措施	

任务三　溶剂型素色漆的调色

1. 熟悉素色漆调配的基础知识。
2. 掌握素色漆调配及注意事项。

某4S店接到一辆送修车辆,发动机舱盖平面部分出现小面积漆面损坏,要求进行修补涂装。前面已完成中涂底漆部分的工作任务,现需要维修技师针对该车辆进行调色。

1. 素色漆的概述

素色漆也叫作纯色漆或实色漆。它与金属漆不同,喷涂的因素对素色漆颜色变化的影响比较小,大体上是"所见即所得",所以这类漆颜色容易调配。

素色漆调色比较简单,往往只需要注意其色度和色调,对亮度的考虑不太重要。一般而言,可以使用少量的白色母来降低颜色的色度,同时会让亮度稍微上升;但过多的白色母只会使两者都下降;使用黑色母来降低颜色的色度,亮度会稍微下降;黑、白色母少的颜色除了色度高之外,通常亮度也高。

在大多数的修理厂,对于素色漆一般都使用单工序喷涂的工艺,这样既方便快捷,又省时省料。因此,素色漆色母一般要求高遮盖力、高色度、干涂膜光泽高。但由于调色的需要,一套完整的色母系统中还要求有低遮盖力的色母,称为低强度色母,这些色母常用于微调颜色。

和金属漆不同,素色漆在喷涂后不会出现侧面色调的效果,往往正面颜色调得准确,侧面也不会有什么差别。此外,施工条件、施工环境对素色漆颜色的影响也非常小,这些因素都使得素色漆相对容易调配。

素色漆除了在汽车上使用外,还在广告设计、物件的表面装饰等其他方面广泛使用。在各大品牌修补涂料的颜色配方库里,一般都会有流行的国际标准颜色的配方。因此,在这方面素色漆比金属漆有更多的商业机会。

2. 调配素色漆的注意事项

(1) 色母的沉降效果　白色母和某些黄色母是最重的一类色母,原因是其颜料的密度大,造成的直接效果是产生湿涂料与喷涂色板之间的明显色差。如果湿涂料中含有一定量的白色母或某些黄色母,在用调漆尺搅拌湿涂料、目视比较标准板时,要求湿涂料调配得比标准板的颜色浅、淡。这是因为在搅拌湿涂料时，重的色母来不及沉降，涂料的颜色就较浅；而喷涂后的流平时间内发生了沉降，轻的色母在表面聚集较多，外观表现得"暗"一点。刚喷涂完的漆面和干燥后的漆面状况不同，烤干后的漆面都会显得偏暗一点。

（2）尽量选用纯度高的色母　汽车素色漆大多数是明快、鲜艳的色彩，以红色、蓝色和黄色为主。这些颜色调配要根据需要少用黑色母，偶尔会用相当数量的白色母调节亮度，但要认识到这会造成一定程度的颜色浑浊。

3. 尽量不选用低强度的色母作为主色

必须选用时，也要尽量搭配使用高遮盖力的色母，这种情况以鲜艳的红色最为常见。

4. 白色在使用了一段时间后会变得稍黄

如果按照配方调色，可以适当增加配方中黄色母的用量。

5. 在白颜色中加入其他色母时尽量选用低强度的色母

低强度色母就是透明的色母。强度高的色母浓度一般是低强度色母的6~10倍，即使1L里面只用一滴，在白色中也能明显地反映出来，因为人眼对白色的分辨能力比对其他颜色强，所以选用低强度色母的好处是微调时容易控制变化范围。

6. 黑色的表面光泽对判断其色差起着决定性的作用

新喷涂的黑色由于表面光泽太高而容易给人造成新喷涂的漆面过黑的误解，可以先打蜡抛光再进行比较；或者在喷涂前就加入少量的白色母使原黑色配方稍微浑浊一点。

7. 调配因长时间暴露而褪色的涂料时，可以添加少量白色母或黄色母

虽然工厂在实际操作过程中，素色漆往往使用单工序的工艺，但在某些情况下，素色漆也用双工序喷涂，即在色漆上喷涂清漆。当今市场上的各个涂料品牌大多采取两种不同的做法：一种是保留色母不变，改变调和树脂，从而达到转换色漆类型的目的；另一种是直接使用不同的色母。

使用前者会很方便，但更换树脂后，个别的颜色多少都会有一点变化，必须先喷涂样板确认后再施工。如果使用后者，也许稍微麻烦一些。当今市场上大部分采用这种类型的涂料系统，在单、双工序的色母之间一般都有相互近似颜色的色母，使用时可以直接替换。唯一需要注意的是，不同色母之间的颜色强度是不同的，转换时往往要调整相应的质量，有时甚至还要使用强度较弱的同颜色的色母。

任务实施

1. 任务准备

任务所需的资料、设备和工具见表6-7。

表6-7　任务准备

所需资料	《汽车涂装技术》项目六任务三
所需材料	脱脂剂、脱脂纸、色漆及配套辅料、颜色系统、比色板、比色卡等
所需装备	护目镜、防毒面具、棉纱手套、安全鞋、耐溶剂手套、连体式防护服

2. 完成下列各项任务

1）观看有关素色漆喷涂的教学课件资料。
2）分组练习调漆设备的使用。
3）分组练习素色漆的调配、辅料的选择。
4）对素色漆调色进行归纳总结。

 评价总结

1. 小组评价（表 6-8，总分 50 分）

表 6-8 小组评价表

操作项目	考核内容	评分标准	配分	扣分原因	得分
安全防护	正确穿戴防护服用品	每少戴或错戴一个扣 5 分	5 分		
查找颜色配方	颜色代码查询	未找到代码扣 2.5 分	5 分		
	计算机配方查询	未查到配方扣 2.5 分			
称量配方	色母准备	未按要求准备色母扣 5 分	10 分		
	色母称量	未从大到小称量色母扣 5 分			
颜色微调	喷涂色板	喷涂方法不正确扣 5 分	20 分		
	比对颜色	颜色比对方法不正确扣 5 分			
	色母确认	色母添加不正确扣 10 分			
场地整理	恢复工作场地	每处未恢复扣 5 分	10 分		
		总计			

2. 教师总体评价（总分 50 分）

学生评价	
教学效果	
教学不足	
整改措施	

任务四　金属漆的调色

 任务目标

1. 熟悉金属漆的调配理论基础知识。
2. 掌握金属漆的调配及注意事项。

一辆银白色奥迪轿车前保险杠出现小面积漆面损伤，现需要某调漆中心调漆技师针对该车辆颜色进行金属漆调色任务，以便实现漆面修补。

一、金属漆的概述

1. 金属漆的定义

金属漆是指加入铝粉/银粉等闪光颜料，使漆面具有一定的特殊效果的涂料。其闪光颜料的多少、颗粒形状和排列方式等对颜色效果均产生较大的影响，所以在调色及喷涂时，均有严格的要求。

2. 金属漆的涂层

金属漆涂膜在阳光照射下，不同的角度，呈现不同的颜色效果，主要是因为涂层中面漆层的特殊处理。常见的金属漆涂层比素色漆涂层要厚，喷涂作业也常采用双工序甚至三工序作业。

二、银粉色母的分类

涂料供应商一般会供应十几种银粉色母，根据银粉色母的特点可以有以下三种分类方法：

1. 按银粉颗粒大小分类

涂料厂家生产颗粒大小不同的色母是为了增强调色能力，颗粒的大小在外观上很容易就能看出来。但是当两种不同颗粒的色母混合后，人的眼睛就难以分辨，只能感觉到混合后的颗粒度会介于两种色母的颗粒度之间。在实际调色的时候，可通过改变颗粒度不同色母的质量比例，控制调配出来的颜色的颗粒度。要注意的是，同一类型的银粉，颗粒越粗，侧视越暗。

2. 按银粉颗粒外形分类

按颗粒外形不同，可将银粉分为不规则形和椭圆形，如图 6-11 所示。不规则形的银粉每个颗粒都没有固定的形状，每一粒银粉的上面有各种各样的棱角，用放大镜观察就像一堆奇形怪状的石头，而椭圆形的银粉是椭圆的橄榄球形状。不规则形的银粉对光线有漫反射作用，正面的亮度相对稍低，而侧视的亮度反而较高；椭圆形的银粉由于表面反射光的角度一致，所以正面亮度较高，但侧面很暗。实际应用时如果需要把正面调得更白、更亮或需要把侧视色调调暗，那么更换银粉的种类是最有效和最常用的手段，

▲ 图 6-11 银粉形状

事实上，很多时候也是唯一的手段。

3. 按银粉颗粒的亮度分类

按颗粒的亮度不同，可将银粉分成三类，即无（平）光银、亮银和闪银。正面亮度按此顺序增大，侧视亮度则是按此顺序变暗。在实际使用中，一般以使用亮银和闪银为主，因为它们的纯度高，调出来的颜色纯，即色度高，操作时主要用它们来提高颜色的亮度和纯度。除非必要，不要使用过多的无光银，否则调出来的颜色正面将变得很灰暗，稍远处一看就会感到整体发黑。无光银还有一个特点，可以用亮银和白色母近似地调配出来。因为在亮银中加入少量白漆，可以使得银粉正面变灰降低亮度，而同时使得侧视变浅，这种效果正是无光银的特点。

实际上，各个品牌的修补涂料系统基本使用第三种分类方法，即把所有的银粉色母分为无光银、亮银和闪银三类，每类色母都有一系列颗粒度不同的两个或两个以上色母。无光银、亮银是不规则形的银粉，闪银是椭圆形银粉。

银粉漆调色中，选择正确的银粉是关键的一步。在实际调漆工作中，单使用某一种的银粉常常达不到应有的效果，所以经常使用两三种银粉。当两种银粉混合后，表现出来的属性就是原来各个银粉属性的折中。例如，亮度不同的银粉混合，所得亮度就介于它们之间，侧视亮度也是如此。

三、银粉色母的特点

1）在亮银和闪银中，银粉颗粒越小，正面越暗。

2）银粉的颗粒越大，正面就越闪亮，但侧面会越暗。

3）加入少量亮、闪银粉，颜色的正面亮度升高，色度基本不变或微降；数量继续增加只会使颜色正面和侧视变灰，颜色色度下降。加入无光银，颜色正、侧面都变灰。

4）相对细颗粒银粉，粗颗粒的银粉在湿涂料中把颜色反衬得很鲜艳，与喷涂效果有明显的区别。

5）在颗粒大小相近时，椭圆形的银粉侧视比颗粒不规则形状的银粉更暗。

6）无光银的正面最暗，侧面最浅；闪银的正面最亮，侧面最黑。

7）常提到的银粉很"白"，一般是指颗粒不太粗而且亮度很高的银粉。

8）银粉的正面效果（亮度和颗粒度）是首要考虑的要素。配好的颜色侧视一般偏暗，这样可以微调；假如侧视偏浅了，只能重新选择银粉组合了。

9）当选择银粉色母时，先判断需要使用的银粉亮度级别，明确需要使用哪一类或哪两类亮度的银粉色母；再判断银粉的颗粒度，确定使用何种粒度的银粉色母和重量比例。

10）可以在阳光直射下检查银粉的颗粒度和亮度。

四、珍珠色母

珍珠色母的示意图如图6-12所示。常说的珍珠色母大多数是在云母粉表面镀上一层二氧化钛加工而成的。通过控制二氧化钛层的厚度，就得到了所见的一系列不同颜色的珍珠色母粉，如白珍珠、黄珍珠、红珍珠、绿珍珠和蓝珍珠等。另外一些常见珍珠色母，如珍珠铜、珍珠红等的结构稍有不同，在二氧化钛层外又镀了一层氧化铁，产生红色或金红色。还有一种比较新的银色云母则不是用氧化铁镀层，而用铝粉镀层，这是为了提供立体效果强烈的金属银色的光泽。

珍珠色母的正面颜色由反射光组成，而侧视色调由透射光组成。根据光学原理，具有上述结构的珍珠色母对光的反射和透射的规律是：白珍珠反射白光，也透射白光；红珍珠反射红光，但透射红光；黄珍珠反射黄光，但透射蓝光；绿珍珠反射绿光，但透射红光；蓝珍珠反射蓝光，但透射黄光。反映到色母的外

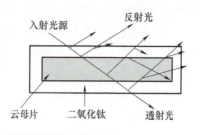

▲ 图 6-12 珍珠色母的示意图

观上，正面表现出相应的颜色，侧面就表现出透射光的颜色。注意，这种侧视色调在纯珍珠色母中表现得不明显，但与其他色母混合后就会影响到侧视色调的走向。所谓的"珍珠漆有变色的效果"，就是因为这个原因。选择珍珠色母比较简单，调什么颜色就使用什么珍珠。与银粉色母比较，珍珠色母有以下特点：

1）使用珍珠色母能使颜色的色度更高，显得更纯更鲜艳。

2）珍珠色母的颗粒比银粉色母更细，且同色珍珠中也有粗细之分。有时在配方中仅使用很少量的闪银也能近似模仿出珍珠的正面效果。

3）珍珠色母在配方中的数量多，侧视色调就较浅，且无法调暗。

4）无论加入哪种珍珠色母，都能提高正面（效果不如银粉）亮度和侧面亮度（银粉则不能）。

5）在湿涂料状态下，珍珠色母在颜色方面表现得比较突出，实际喷涂后则没有这么明显。特别是使用黄、绿珍珠等。

6）可以在阳光直射下检查珍珠的颗粒闪亮和颜色反射程度。

五、金属漆的调色要点

1）配方只有在喷涂方式调整和清漆调整都无法收效的情况下才可改变。

2）对色时应从各方向观察对比。

3）双工序漆喷样板时，金属漆喷整板，清漆喷 1/2。

4）注意微调原理。减少铝粉，可使颜色变暗；使用不透明的色母，能使颜色变浅；要降低某种色调，应减少该颜色色母，尽量不要用其他色来综合。

六、调配金属漆的注意事项

1. 纯银灰的颜色

如大众系列宝来和波罗的反射银（VAG.A7W）、捷达和桑塔纳的银灰（VAG.97A）、夏利和别克的亮银、奇瑞的钻石银灰等，这类颜色主要考虑它们的亮度，常见的说法也就是"够不够白"，其色调和色度都处在次要的地位。调配的时候主要是对银粉的颗粒度和亮度选择要对，再最后加入一点点相应的色母调整色调，这类颜色相对容易调配准确。

2. 浅颜色的银粉

常见的有各大车厂的浅灰、香槟金、沙滩黄、薄荷青、丝绸银之类的颜色，还有富

康车和广本雅阁的银灰、大众车系列的玛瑙灰等。

这类浅颜色的银粉在亮度和色度上就比较容易混淆。以薄荷青为例，由于颜色浅，如果亮度偏高了，应该是银粉数量多了，在外观颜色上就表现出比标准颜色"更白一点，不够蓝（或绿）"。这时，调色人员往往先向蓝（或绿）色调方向上调整颜色。调整后，颜色往往就会变得更鲜艳，似乎又有"太蓝（或绿）"的感觉。如果调色人员没有判断准确，又往里面加入银粉，希望冲淡"蓝（或绿）色调"。这样一来，错误的循环就会出现，颜色就可能越调越错。正确的做法应该是接着加入降低亮度的色母，如黑色、白色和无光银等。

现在市场上常见的浅银灰色往往亮度和纯度都高，侧视亮度不会太暗，有一点偏蓝。所以亮银和闪银的组合最常用，还需要用控色剂和少量白色微调侧视效果。注意，各个品牌银粉控色剂的作用多少有点不同，可能是调节侧视效果的，也可能是调节银粉喷涂效果的，使用时要小心。白色母对浅银灰类颜色的影响明显，在0.5%的范围内就能对侧视效果起决定性的作用，这时对颜色正面影响还不算太大，只是亮度稍微降低，数量再多就使得正面亮度下降得很快，造成银粉灰黑的效果，到了这时其纯度也很难再调高了。

3. 金黄色

市场上金黄色多数是以浅金黄色为主，如沙滩黄、香槟金等。这类颜色的色种结构一般是以银粉为主，辅以通透红和通透黄之类的色母，再用少量黑、白微调颜色纯度。浅色的金黄使用银粉数量较多，鲜艳的金黄色就使用较少的银粉。

这类颜色的湿涂料在搅拌状态下，颜色会显得稍淡一点，在实际喷涂后颜色会更金黄。

从某种程度上讲，这也是最难调准的一类颜色。造成难调的原因很大程度上不是调色人员的问题，往往取决于施工条件，涂料与稀释剂的配比、环境温度、喷涂速度、喷涂层数等，都对此类颜色有影响。所以调配这种颜色时，喷涂试板是很重要的。尽可能让准备喷涂车身的人员在实际涂装的条件下喷涂试板，减少人为和环境的影响。必要时还应该根据试板微调颜色，以适应实际喷涂人员的喷涂方式。

其实，对于这种浅颜色的金属漆，包括前面提及的薄荷青类金属漆，重要的是能正确地判断颜色偏差。大多数的修补涂料品牌都建议使用驳口工艺来解决色差。然而，这些颜色在过渡喷涂时稍不注意就会在接口处产生明显的黑印，因此部分涂装工不愿做驳口。

4. 深色银粉漆

深色银粉漆的范围也很广泛，如铁灰（或深灰）、枣红、墨绿和深蓝等。这些颜色刚好与纯银灰色相对，其亮度和色度容易掌握，调配这类颜色很大程度上依赖于调整其色调。

这类颜色的亮度和色度靠肉眼分辨比较模糊，但是选对了银粉种类，调配好颜色的色度，一般都能比较容易地把握其亮度。所以，调色的工作主要集中在色调的调配上。

5. 红色漆

红色的色种结构比较复杂，实际调配时除了绿色母基本上不会使用外，其余的色母都可能被使用。在各个品牌的修补涂料中，红色色母几乎是数量、种类最多的。既有各种偏向的红色，每种偏向又分为通透和不通透等多种红色。

在红色的金属漆中，红珍珠占了很主要的数量，这类颜色主要由红珍珠配合各种红色母调配而成。在这里黑色是常用的色母,主要调节颜色的明暗、深浅,数量根据实际情况或多或少。调配红珍珠的时候要注意能表现出那种鲜艳的通透性,珍珠感觉要明显,这时就要求多选用透明的色母了。

红珍珠在调配中有一个缺点,它的侧视色调普遍容易偏黄。也就是说,在微调中,要把侧视色调往蓝或紫调配是比较难的。这当然是在不严重破坏正面色调的基础上而言,不然加入蓝色后,侧面是蓝了,可正面肯定就偏差得很大。出于相同的原因,另一个缺点正如前面所说的,要把侧视调得更暗也似乎没有什么好的办法。这是因为这种颜色使用的珍珠色母量大,侧视色调多少被冲淡了。特别是正面那种透出来的金黄色调,而且在侧面又较暗、色调偏紫时,在微调时很难解决类似的情况,所以,建议在选用组成基调的红色母时应该小心。另外,施工中做驳口也是常用的办法。

6. 蓝色漆

蓝色色母的密度普遍都比较小,遮盖力稍弱于其他色母。由于受生产上使用原材料的限制,多数的蓝色母在侧视方向上带有明显的红色调,这是为什么很多蓝珍珠或银粉漆的颜色侧面显得紫红的原因。除此之外,在湿涂料搅拌的状态下,涂料颜色也表现得稍微偏红,而侧面的红色调尤其明显。这种红色调在表面喷涂上清漆后往往被消除很多,反而会显出偏绿的色调。

浅蓝色的金属漆也是一类极为常见且难以调配的颜色,它们的名称一般都是"××青",如薄荷青等,它与沙滩黄等类似。这些颜色真正的难点在于能否正确地判断出"颜色是怎样偏差的",亮度还是色度?是前者,需调整银粉;是后者,需调整控制颜色的色母。

当湿涂料搅拌时,也是应该把颜色调得稍微浅一点,喷涂后会变鲜艳一点。另外也可以通过喷涂手法来控制,这会比微调涂料更方便、更有成效。多喷涂一遍,或喷涂速度慢些的效果,不会比往每升涂料内多加入几克蓝色母喷涂较薄的效果差。所以,不同的喷涂效果既能稍微影响正视颜色,也能影响侧视效果。

7. 绿色漆

绿色金属漆需要注意的是,当使用了绿珍珠或黄珍珠色母时,湿涂料的颜色呈金黄色,实际喷涂后蓝色调才会浮现出来。另外,由于绿珍珠侧视透红的特性决定了大多数的绿珍珠颜色侧面有明显的偏红色调,必要时,加入微量的青黄色母就能校正过来。

8. 深银灰色漆

深银灰色漆指的是以银粉和黑色色母为主的一类颜色,一般认为相对容易调配,主要是掌握好银粉的颗粒大小和数量。当其亮度和色度基本差不多时,再微调色调就比较容易。这时的侧视色调一般只会有不够浅亮的问题,可以用银粉控色剂或微量的青黄色母进行微调。

湿涂料状态下的深灰色会比喷涂后显得更黑,银粉颗粒更不明显。

任务实施

1. 任务准备

任务所需的资料、设备和工具见表6-9。

表 6-9 任务准备

所需资料	《汽车涂装技术》项目六任务四
所需材料	脱脂剂、脱脂纸、色漆及配套辅料、颜色系统、比色板、比色卡等
所需装备	护目镜、防毒面具、棉纱手套、安全鞋、耐溶剂手套、连体式防护服

2. 完成下列各项任务

1）分组练习调漆设备的使用。
2）分组练习金属漆的调配及操作步骤。
3）对金属漆调配及注意事项归纳总结。

评价总结

1. 小组评价（表 6-10，总分 50 分）

表 6-10 小组评价表

操作项目	考核内容	评分标准	配分	扣分原因	得分
安全防护	正确穿戴防护服用品	每少戴或错戴一个扣 5 分	5 分		
查找颜色配方	颜色代码查询	未找到代码扣 2.5 分	5 分		
	计算机配方查询	未查到配方扣 2.5 分			
称量配方	色母准备	未按要求准备色母扣 5 分	10 分		
	色母称量	未从大到小称量色母扣 5 分			
颜色微调	喷涂色板	喷涂方法不正确扣 5 分	20 分		
	比对颜色	颜色比对方法不正确扣 5 分			
	色母确认	色母添加不正确扣 10 分			
场地整理	恢复工作场地	每处未恢复扣 5 分	10 分		
总计					

2. 教师总体评价（总分 50 分）

学生评价	
教学效果	
教学不足	
整改措施	

任务五　水性漆的调色

任务目标

1. 掌握水性漆的调配知识。
2. 掌握水性漆试色板喷涂工艺。
3. 掌握水性漆调色作业的完整工作流程。

任务描述

某4S店接到一辆送修车辆，发动机舱盖平面部分出现小面积漆面损坏，要求进行修补涂装。前面已完成中涂底漆部分的工作任务，现需要维修技师针对该车辆水性漆颜色进行调色。

知识储备

一、水性漆调色的基础知识

由于在各类溶剂型汽车修补漆中，色漆中所含VOC含量最高，故水性漆得到广泛应用。本节主要介绍水性漆在调色方面与溶剂型底色漆的不同。

当喷涂水性漆时，仍有可能吸入有机挥发物气体，眼睛、皮肤接触到树脂、颜料、添加剂等化学成分，所以需佩戴规定的安全防护设备进行操作；喷涂含有异氰酸酯（双组分油漆的固化剂）的水性环氧底漆、中涂底漆、清漆时需要佩戴供气式防护面具；喷涂水性漆时需佩戴活性炭防护口罩、安全眼镜、耐溶剂手套、防静电工作服和安全鞋。

二、水性漆的调色步骤及技术要求

水性漆的调色要点和溶剂型底色漆调色方面相同知识和步骤不再重复介绍，这是因为水性漆和溶剂型底色漆的调色1~4步骤相同（见本项目任务二）。

步骤5：按照水性漆产品调配要求，添加合适的水性漆稀释剂。搅拌均匀后，用水性漆专用的125μm网眼的尼龙过滤网过滤并加入水性漆专用喷枪，这是因为水性漆会溶解普通过滤网的黏结用胶水，所以要使用水性漆专用尼龙过滤网过滤。

为了有利于环保及节约油漆，建议喷涂水性漆时使用口径为1.2~1.3mm的HVLP高流量低气压环保面漆喷枪进行喷涂。故喷涂试色板时同样建议使用口径为1.2~1.3mm的HVLP高流量低气压环保面漆喷枪，按照喷涂车辆的喷枪设定及喷涂手法喷涂试色板。

喷涂水性漆推荐使用带灰度底漆的铝制喷涂卡或带灰度底色的防水喷涂卡,并且在喷涂车辆时使用同样的灰度底漆或灰度底色漆,这样可以使水性漆更易遮盖,更节省用量,并且调色效率更高,准确度更高。

水性漆喷涂要点如下:对于纯色水性漆,喷涂一个双层即可;如果是珍珠或银粉水性漆,喷涂一个双层,再喷涂一个雾喷层;对于颜色遮盖力相对较弱的色漆,需喷涂两个双层,再雾喷一层。每喷涂一个双层后,都需要使用吹风枪吹干,以大约45°的角斜吹工件表面,使色漆吹干燥至哑光状态,通常吹1~2min即可。水性漆在温度25℃、相对湿度小于70%的情况下干燥速度最快。

步骤6:使用专用吹风枪吹干水性漆至哑光状态后即可喷涂清漆。清漆也要按照喷涂车辆同样的喷法,喷涂同样层数,以避免因为清漆膜厚、亮度和流平的不同,影响对颜色的比较。

步骤7:比色。需在自然光或标准光源对色灯箱里比较颜色。对于金属漆要从三个角度比较颜色,以确保各个角度下的颜色准确。

重复步骤5~步骤7,直至颜色接近可以喷涂。

 任务实施

1. 任务准备

任务所需的资料、设备和工具见表6-11。

表6-11 任务准备

所需资料	《汽车涂装技术》项目六任务五
所需材料	脱脂剂、脱脂纸、色漆及配套辅料、颜色系统、比色板、色卡等
所需装备	护目镜、防毒面具、棉纱手套、安全鞋、耐溶剂手套、防静电防护服

2. 完成下列各项任务

1)分组简述水性漆调色与溶剂型底色漆调色的异同。
2)分组练习水性漆的调配要领及步骤。
3)分组练习水性漆试色板的喷涂工艺。

 评价总结

1. 小组评价(表6-12,总分50分)

表6-12 小组评价表

操作项目	考核内容	评分标准	配分	扣分原因	得分
安全防护	正确穿戴防护服用品	每少戴或错戴一个扣5分	5分		
查找颜色配方	颜色代码查询	未找到代码扣2.5分	5分		
	计算机配方查询	未查到配方扣2.5分			

(续)

操作项目	考核内容	评分标准	配分	扣分原因	得分
称量配方	色母准备	未按要求准备色母扣5分	10分		
	色母称量	未从大到小称量色母扣5分			
颜色微调	喷涂色板	喷涂方法不正确扣5分	20分		
	比对颜色	颜色比对方法不正确扣5分			
	色母确认	色母添加不正确扣10分			
场地整理	恢复工作场地	每处未恢复扣5分	10分		
总计					

2. 教师总体评价（总分50分）

学生评价	
教学效果	
教学不足	
整改措施	

项目习题

一、单项选择题

1. 在颜色的三个属性中，人们最容易辨别（　　）的差异。
   A. 色调　　　　　B. 亮度　　　　　C. 色度　　　　　D. 光度
2. 当颜色的三个属性发生变化时，人们可能混淆（　　）之间的变化。
   A. 色调和亮度　　B. 色调和色度　　C. 亮度和色度　　D. 色调和光度
3. 低遮盖力的色母又称为（　　）的色母。
   A. 高强度　　　　B. 低强度　　　　C. 高色度　　　　D. 低色度
4. 色母的（　　）效果，造成湿涂料与干涂料涂膜之间颜色差异较大。
   A. 沉降　　　　　B. 电泳　　　　　C. 浮动　　　　　D. 稳定
5. 在一个颜色配方中有基调色母和微调色母，下列（　　）的说法是正确的。
   A. 基调色母的数量比微调色母的数量多
   B. 基调色母的用量大
   C. 微调色母对颜色的影响不大
   D. 微调色母的强度低
6. 在一般情况下，基调色母的数量不超过（　　）个。
   A. 1　　　　　　B. 2　　　　　　C. 3　　　　　　D. 4

7. 涂料供应商一般会提供十几种银粉色母，不是银粉色母分类方法的是（　　）。
   A. 银粉色母的颗粒度　　　　　　　　B. 银粉色母的颗粒重量
   C. 银粉色母的颗粒亮度　　　　　　　D. 银粉色母的颗粒形状
8. 银粉色母的基质是（　　）。
   A. 银粉　　　　B. 铝粉　　　　C. 锌粉　　　　D. 铅粉
9. 珍珠色母的基质是（　　）。
   A. 云母粉　　　B. 铝粉　　　　C. 银粉　　　　D. 珍珠粉
10. 在涂料中加入银粉色母，可以（　　）。
    A. 提高颜色的正面亮度和侧面亮度
    B. 提高颜色的正面亮度，降低颜色的侧面亮度
    C. 降低颜色的正面亮度和侧面亮度
    D. 降低颜色的正面亮度，提高颜色的侧面亮度
11. 在涂料中加入珍珠色母，可以（　　）。
    A. 提高颜色的正面亮度和侧面亮度
    B. 提高颜色的正面亮度，降低颜色的侧面亮度
    C. 降低颜色的正面亮度和侧面亮度
    D. 降低颜色的正面亮度，提高颜色的侧面亮度
12. 调整银粉漆侧视色调有多种方法，下列方法不可取的是（　　）。
    A. 改变基调色母之间的比例　　　　B. 选用合适的银粉组合
    C. 使用银粉控色剂　　　　　　　　D. 尽量多使用遮盖力强的色母
13. 当调配三工序珍珠漆时，要求采用"多层喷涂试验"的方法制作试板，这是因为（　　）。
    A. 多喷涂几层可以熟悉喷涂方法　　B. 多喷涂几层可以掌握喷涂技巧
    C. 不同厚度珍珠漆的颜色有所不同　D. 不同厚度珍珠漆的光泽有所不同
14. 调（　　）一般能达到"所见即所得"。
    A. 素色漆　　　B. 银粉漆　　　C. 珍珠漆　　　D. 金属漆
15. 关于汽车修补涂料的计算机调色，下列表述正确的是（　　）。
    A. 用测色仪测定车身颜色后，计算机自动生成颜色配方
    B. 通过计算机搜索配方数据库，找出最接近的颜色配方供参考
    C. 通过计算机搜索配方数据库，找出最精确的颜色配方供使用
    D. 得到广泛的应用
16. 以下（　　）不是光的三原色。
    A. 红　　　　　B. 黄　　　　　C. 绿
17. 在日常生活中，常见的光源不包含以下的（　　）。
    A. 白炽灯　　　B. D65 灯　　　C. 荧光灯
18. 下列最接近自然光的人工光源的是（　　）。
    A. D65　　　　B. TL84　　　　C. CWF
19. 以下（　　）不属于颜色的三个基本属性。
    A. 色相　　　　B. 明度　　　　C. 色彩

20. 当红、黄和蓝其中两色混合后可得到再生色，以下颜色中不是再生色的是（　　）。
   A. 橙　　　　　　　B. 紫　　　　　　　C. 铁锈红
21. 黄色 + 红色可以调配出（　　）。
   A. 橙色　　　　　　B. 绿色　　　　　　C. 紫色
22. 孟塞尔颜色系统中央轴（南北轴）代表的是（　　）。
   A. 明度　　　　　　B. 色相　　　　　　C. 彩度
23. 孟塞尔颜色系统经度代表的是（　　）。
   A. 明度　　　　　　B. 色相　　　　　　C. 彩度

二、填空题

1. 白色母和某些黄色母中颜料的＿＿＿＿＿＿大，产生色母"沉降效果"。
2. 色母"沉降效果"会导致湿涂料与干涂料涂膜的颜色＿＿＿＿＿＿大。
3. 调配素色漆时尽量选用＿＿＿＿＿＿高的色母，因为汽车素色漆大多数是明快、鲜艳的颜色。
4. 当调配素色漆时，尽量不选用低强度的色母作为基调色母，否则颜色的＿＿＿＿＿＿会很差。
5. 同类银粉漆中银粉的颗粒越大，亮度越＿＿＿＿＿＿。
6. 往涂料内加入任何珍珠色母，都会提高颜色的＿＿＿＿＿＿面和＿＿＿＿＿＿面的亮度。
7. ＿＿＿＿＿＿条件对浅金黄色银粉漆的颜色影响非常大，无论是稀释剂的比例、环境温度、喷涂速度和喷涂层数等，都对此类颜色有影响。
8. 浅色银粉漆如浅灰、香槟金和薄荷青等，最容易混淆的两个颜色属性是＿＿＿＿＿＿和＿＿＿＿＿＿。
9. 珍珠层喷涂得较＿＿＿＿＿＿，底色的色调就容易在正、侧面透出来；珍珠层喷涂得较＿＿＿＿＿＿，正面珍珠颗粒明显，侧面反而会变暗。
10. 银粉漆的颜色受施工条件的影响较大，涂膜干燥得快，银粉飘在涂膜上面，颜色显得＿＿＿＿＿＿；涂膜干燥得慢，银粉沉降，颜色显得＿＿＿＿＿＿。

项目七
面漆及施工

项目描述

通过本项目的学习,使学生熟悉面漆的作用及施工工艺流程,掌握面漆施涂的操作要领,具备对受损车身损伤区进行面漆涂装的技能。

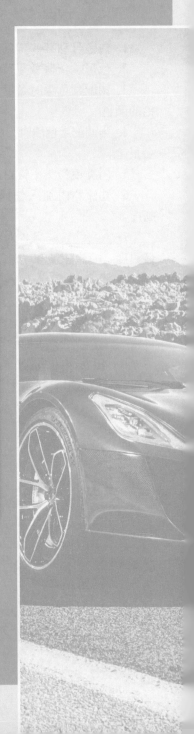

任务一　面漆的概述

1. 了解面漆的作用及定义。
2. 熟悉面漆的分类方法。
3. 掌握水性漆的特性。

　任务描述

现有一事故车辆的右前翼子板受损，已经对底材进行了处理，按照涂装工艺流程，要求根据底材选用合适的面漆进行涂装作业。

一、面漆的功用

汽车面漆指涂于汽车车身表面能直接感观到的最外层的漆膜，起着装饰、标志和保护底材的作用。因此，这就要求面漆具有比底漆更完善的性能，不仅要有很好的装饰性；更要求具有很好的耐候性，要求面漆在极端温变湿变、风雪雨雹的气候条件下不变色、不失光、不起泡和不开裂；还要有对环境污染小、安全、耐潮湿性、抗污性、施工方便、涂膜干燥快、保光保色好等特点。例如，消防车和警车涂装成特别的颜色，以使它们有别于其他车辆。

面漆层是直接与各种气候条件及有害物质接触层，是阻挡这些侵蚀的第一层，配合底漆起到对底材的保护作用。当然，面漆的装饰性和保护性也会各有侧重，如轿车对装饰性要求高；装载油料、酸、碱化学物品的载货汽车，对面漆的耐油、耐酸和耐碱等化学性的要求较高，将装饰性放在第二位。因此，为适应各种需要，涂料工业也生产出各种性能的面漆。

二、面漆的分类

面漆的分类 {
按颜色效果可分为纯色漆、银粉漆和珍珠漆
按成膜物质种类可分为硝基漆、醇酸漆和丙烯酸漆等
按固化机理可分为热聚合型、双组分型和溶剂挥发型等
按施工工序可分为单工序、双工序和三工序等
}

每一种分类方法互相的界线不是绝对的，可以相互交叉。

1. 按照颜色效果分类

色漆通常包括纯色漆、银粉漆和珍珠漆。纯色漆只含有纯色颜料，银粉漆含有铝粉，

珍珠漆含有云母颜料。由于铝粉和云母颜料都是金属或金属氧化物，所以银粉漆和珍珠漆统称为金属漆。

2. 按成膜物质种类分类

按成膜物质种类可分为硝基漆、醇酸漆和丙烯酸漆等。

3. 按固化机理分类

按固化机理可分为热聚合型、双组分型和溶剂挥发型等。

热聚合型（烘烤型）是单组分涂料，在140℃时固化。热聚合型有热固氨基醇酸和热固丙烯酸两种；热固氨基醇酸涂料用于素色，其主要成分为醇酸和三聚氰胺，它具有很好的涂层特性，包括光泽、硬度、干膜厚度及耐溶剂性；热固丙烯酸涂料用于高水平半透明度的金属色，它具有热固氨基醇酸涂料一样的优良涂层特性。

双组分型（氨基甲酸酯型）是一种双组分涂料，主要成分为丙烯酸树脂或丙烯酸树脂与聚酯的组合，与固化剂异氰酸盐一起使用。它具有极佳的涂层性能，包括保持光泽、自然老化、耐溶剂性及平滑纹理。但是它干得很慢，并且需要干燥设备来进行适当的干燥。

溶剂挥发型即当涂料中的溶剂蒸发时，这种涂料形成一个涂层。这种涂料的特性是干得快和容易使用，但是耐溶剂性和自然老化性能方面不及反应型涂料。

4. 按施工工序分类

按施工工序不同可分为单工序、双工序和三工序等。

（1）单工序面漆 单工序面漆指喷涂同一类涂料即形成完整的面漆层的喷涂系统。

（2）双工序面漆 双工序面漆指喷涂两种不同的涂料才能形成完整的面涂层的喷涂系统，通常是先喷涂色漆，然后再喷涂罩光清漆，两种涂层结合在一起才能形成有质量保证的完整的面漆层。

（3）三工序面漆 三工序面漆喷涂更为复杂，如三工序珍珠漆通常是先喷一层打底色漆，然后再喷一层珍珠漆，最后喷罩光清漆，三个涂层结合才能形成完整的面漆层。

一般单工序面漆的颜色比较单调，而三工序面漆的效果比较丰富，但工序越多，施工及修补越复杂。

三、水性漆面漆

随着社会经济的发展，环境污染越来越严重。为保护人类生存环境，汽车涂装的发展趋势已变为低公害和无公害化。水性漆的最大优点是涂层质量与传统溶剂型漆相当，但 VOC 排放量小。其排放量约为溶剂型漆的三分之一，且是实现金属闪光漆低公害化的唯一途径。因此，采用水性漆具有重要意义。

1. 什么是水性漆

水性漆就是以去离子水作为主要溶剂，不含有机溶剂的涂料，不含苯、甲苯、二甲苯、甲醛、游离 TDI 有毒重金属，无毒无刺激气味，对人体无害，不污染环境，漆膜丰满、晶莹透亮、柔韧性好并且具有耐水、耐磨、耐老化、耐黄变、干燥快和使用方便等特点。可使用在木器、金属、塑料、玻璃和建筑表面等多种材质上。

水性漆是以水溶性树脂为成膜物，以聚乙烯醇及其各种改性物为代表，除此之外还有水溶醇酸树脂、水溶环氧树脂及无机高分子水性树脂等。

(1) 水性漆的最大优点——环保　传统的油性漆含有 85% 以上的有机溶剂，而水性漆仅含 10% 的有机溶剂，因此 VOC 排放量较低。同时水性漆还有较好的漆层特性，良好的通透性和光泽度，其他特点见表 7-1。

表 7-1　水性漆的特点

特　　点	益　　处
水性产品	无重涂敏感性，不与底材反应；无味、无溶剂蒸气，大大改善工作环境
施工方法简便	从油性产品到水性产品转换容易，与车间标准修补设备兼容
驳口简易效果良好	减少工作时间，提高效率
使用简单	容易培训
底色漆光滑平整	卓越的外观、光泽和"影像清晰度"
色母免搅拌	卓越的颜色准确性
不需要调色架	减少占有空间和噪声
色母遮盖力高	修补迅速、节省时间

(2) 水性漆的缺点——较长的挥发时间　水性漆与溶剂型漆相比具有低挥发速率、高表面张力、高导性、耐蚀性以及易产生气泡的特点，所以水性漆在设备和施工工艺方面与溶剂型漆有所不同。

2. 水性漆喷涂的技术特点

水性漆中水的挥发主要是通过调节喷漆室的温度和湿度来进行控制的，而溶剂型油漆可以通过调整稀释剂的蒸发速率来调整涂着固体分。水性漆的涂着固体分通常为 20%～30%，而溶剂型色漆的涂着固体分高达 60%～70%，因此水性漆的平滑性较好，但同时需加热闪干，否则容易出现流挂、气泡等质量问题，因此涂料流变性的控制技术是水性漆的设计关键。

3. 水性漆的喷涂和闪干

(1) 水性漆的喷涂　使用重力式喷枪（口径为 SART HVLP1.3mm 或 RP1.3mm）使用两种喷涂方法（干喷和湿喷）。相关参数见表 7-2。

表 7-2　水性漆重力式喷枪的参数

喷枪口径/mm	喷枪距离/cm	喷枪气压/10^5Pa	标　　准
1.3	15～20	2.0	50%～70% 遮盖
1.3	20～25	2.0	100% 遮盖
1.3	25～30	2.0	喷涂一个效果层

(2) 水性漆的闪干　由于水性漆和罩光清漆是"湿碰湿"施工的，因此水性漆存在预烘干的问题，即将色漆涂层中的绝大部分水、助溶剂挥发掉。试验表明水性漆涂层的溶剂含量（主要为水）应降低到 10% 以下，喷涂的罩光清漆才不至于将色漆层再溶解而产生水泡，影响外观质量。如果在通常的温度条件下闪干，水性漆的溶剂含量不可能达到 10% 以下。因此在水性漆上喷涂罩光清漆之前必须进行适当的强制干燥。常见的强制干燥设备是吹风枪，在使用吹风枪时吹出的气流方向应与烤漆房内气流方向相同。吹风

枪不能与漆面垂直，否则将会造成油漆缺陷。待色漆层充分干燥后就可以进行清漆喷涂。

四、面漆与底漆的区别

（1）组成成分不同　底漆由树脂、填料、溶剂和助剂四部分组成，面漆组成部分与底漆的区别主要在于前者的填充料加得很少或没有。

（2）发挥作用不同　底漆是油漆系统的第一层，用于填平漆面，支撑面漆，提供丰满度，降低成本，有利于节约能源；面漆是涂装的最终涂层。涂层的厚度主要依靠底漆提供，而面漆主要起装饰和保护作用。

1. 任务准备

任务所需的资料、设备和工具见表7-3。

表7-3　任务准备

所需防护	专用喷涂工作装、抗溶剂手套、防毒面具、安全鞋等
所需材料	纯色漆、银粉漆、珍珠漆、水性漆、固化剂、稀释剂、水性稀释剂
所需工具	调漆杯、比例尺、油性漆漏斗、水性漏斗、面漆喷枪、水性漆喷枪

2. 通过几种不同的色漆配比比较完成以下任务

1）简述色漆的作用及纯色漆、银粉漆、珍珠漆和水性漆各自的特点。
2）简述水性漆涂装及闪干方式与传统色漆（油性漆）的区别。

1. 小组评价（表7-4，总分50分）

表7-4　小组评价表

操作项目	考核内容	评分标准	配分	扣分	得分
考前准备	作业时着装整齐，防护齐备，一次性备齐所需工具	酌情扣分	5分		
操作步骤	1）部件的安全防护 2）设备及工具使用正确 3）流程符合工艺规范 4）完成质量	某项未做不给分，操作方法不当扣2分	25分		
文明操作	操作有序、规范	酌情扣分	5分		
安全操作	无机具、人身事故	酌情扣分	10分		
7S管理	整理工具、清洁场地	酌情扣分	5分		
总计					

2. 教师总体评价（总分50分）

学生评价	
教学效果	
教学不足	
整改措施	

任务二　面漆的施工

任务目标

1. 熟悉面漆施工前的准备工作。
2. 熟悉面漆施工的内容。
3. 掌握素色漆的施工方法及技巧。
4. 掌握单工序及双工序的素色漆及罩光层施工工艺及方法。
5. 熟悉多工序的水性漆及罩光层施工工艺及方法。
6. 能合理制订出各种工序、各种面漆的施工方案。

任务描述

一轿车右前翼子板出现面漆擦损，经检查判定，需要进行面漆修补涂装作业，为了保证整车美观性，在选择好合适的面漆之后，采用合适的面漆、清漆涂装工艺，配合良好的喷涂技能来完成涂装修补作业。

知识储备

一、面漆喷涂的准备

为了保证面漆喷涂的质量，通常在中涂底漆打磨工作结束以后，进行面漆喷涂之前，还要实施一系列面漆前准备工作才能实施面漆喷涂。

（1）粉尘的清除　打磨工作结束以后，使用气枪，用压缩空气彻底清除打磨粉尘。清除工作应按顺序进行，不能有遗漏。以全涂装为例，粉尘清除工作可以先从车顶开始，然后是发动机罩、行李箱盖等，接下来是车门和翼子板的间隙、行李箱盖和发动机罩的边缘等。

(2) 遮蔽保护　对汽车车身不需喷涂的其他板件实施遮蔽保护，当遮蔽边缘是密封条、饰条和把手等边界时，沿边界贴护。

(3) 喷涂前脱脂　使用专用脱脂剂进行脱脂。用浸有脱脂剂的棉布擦拭车身板表面，使其湿润。用清洁的和干燥的棉布将已浮起的油迹在干燥前擦除。如果金属上有油迹，那么它们日后会使涂料起泡或剥落。

涂装前进行清洁脱脂清扫和遮蔽结束后，用干脱脂布蘸上脱脂剂，擦拭被涂装表面，除去油分、污物和石蜡等。

(4) 喷涂前除尘　脱脂结束后，再次用吹尘枪清洁，并使用专用粘尘布除尘（将粘尘布充分展开再折叠后粘尘）。

二、面漆喷涂工艺流程

1) 喷涂前的检查作业。在开始喷涂作业之前，要进行下列工作：一是检查全车车身外表有无覆盖遗漏之处，二是检查打磨作业和清扫作业没有进行完备之处，三是检查喷枪和干燥设备有无异常。

2) 喷涂前涂料准备。

① 涂料的准备。将调好色的涂料按所需要的量取出，视需要加入固化剂，调整好黏度。通常的做法是将色漆和固化剂调配好之后，再加入稀释剂调整黏度，色漆、固化剂和稀释剂的添加比例（按照重量比还是体积比）按照制造商说明确定。

② 涂料的过滤。调好色的涂料，难免混有灰尘和杂质，必须过滤之后才能使用，如图7-1所示。

③ 黏度的调整。涂料黏度并非常量，随温度而发生变化，即同一种涂料，冬季比夏季显得稠。黏度越高的涂料，随温度而变化的特征越明显，因此，即使加入相同量的稀释剂，夏季的黏度为13~14Pa·s，冬季的黏度就为20Pa·s左右。

3) 烤漆房参数调节。根据面漆特性及使用说明要求调节好烤漆房参数。

4) 喷涂作业。根据板件喷涂路线按照正确、规范的喷涂技术实施色漆作业。双工序、三工序喷涂，在色漆喷涂后，需要喷涂清漆，保护底色。①中湿喷：喷幅的重叠幅度为1/2。②湿喷：喷幅的重叠幅度为2/3。

▲ 图7-1　涂料的过滤

5) 面漆干燥。面漆喷涂结束后，间隔10~20min（使涂膜中的溶剂挥发，以免产生涂膜缺陷），再用烤漆房或用红外线进行干燥。

6) 拆除遮蔽。强制干燥结束后，要趁车身还未冷却拆下遮蔽纸及粘贴遮蔽纸的胶带。若为自然干燥，应在喷漆结束后10~15min拆下遮蔽纸及粘贴遮蔽纸的胶带。

7) 抛光、打蜡。

8) 清扫作业。

三、面漆涂装的注意事项

1) 规范穿着、防护，规范使用工具及设备，注意操作安全。
2) 在喷涂漆前，必须搅拌以使色漆颜料充分混合均匀。
3) 按照色漆说明书的比例添加固化剂与稀释剂使混合比例正确，黏度较好。
4) 喷枪的选择及各项参数调整应参阅所用中涂底漆的使用说明。
5) 身体位置移动。如果在用喷枪时只移动手和手臂，那么喷涂的面积越大，涂层就越难喷涂均匀；若要在大面积上喷涂均匀的涂层，必须移动整个身体，如图7-2所示。

▲ 图7-2 身体移动位置

① 站立位置与板件的关系。用手握住喷枪，站在工件前面，使喷枪对准工件表面的中央并使之保持垂直，双脚分开距离要稍大于肩宽，如图7-3所示。

② 移动身体。在涂装时，不要只移动手腕，要移动整个身体。当喷涂工件从上往下时，身体也要随着喷涂下移慢慢降低身体位置，如图7-4所示。

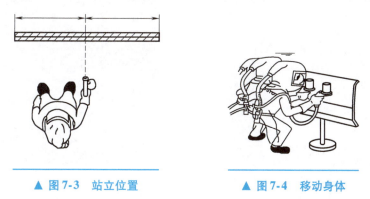

▲ 图7-3 站立位置　　▲ 图7-4 移动身体

6) 操作喷枪最重要的因素是确保喷枪距离、喷枪角度、喷涂移动速度以及喷幅重叠角的平稳和恒定。

四、单工序面漆的施工

在汽车面漆喷涂作业中，常用的单工序面漆主要为双组分纯色漆。

1. 喷涂操作

单工序面漆的施工操作与底漆和中涂底漆的操作基本相同。

(1) 步骤一，安全防护　穿防静电工作服、安全鞋，戴防护面罩、安全眼镜、耐溶剂手套和耳塞等，如图7-5所示。

(2) 步骤二，检查工件表面质量　面漆是最终涂层，所以在准备喷涂前，一定要认真仔细检查工件表面的质量。

1) 底漆层或中涂层要进行完全打磨。用P400号筛或更细的砂纸将底漆或中涂底漆打磨到表面光滑程度，不要留有橘皮和漆雾等，并尽量不要留有砂纸的打磨痕迹，这些将会影响面漆的流平效果。

2) 底漆层砂痕、小的凹坑等缺陷，应先选用填眼灰或极细的细灰进行填补，干燥后打磨。用腻子填补的面积比较大，为了防止腻子对面漆的吸收，必须用中涂底漆进行封闭。

3) 如果打磨时出现磨穿，因为金属底是平滑的，所以不必刮涂腻子，但需薄喷一层环氧底漆，以保证底材的防腐能力。

(3) 步骤三，清洁　按厂商要求，在喷涂面漆前，要对工作表面进行脱脂、除尘清洁。一般采用一干一湿进行清洁，即用两块专用清洁布，一块用清洁剂润湿擦拭工件表面，然后立即用另一块干清洁布擦干。也可以将清洁剂喷涂在工件表面上，然后用干清洁布擦干。使用清洁布对工件表面清洁后，再使用粘尘布去除工件表面的纤维、灰尘等细小杂质，以减少面漆的脏点，如图7-6所示。

▲ 图7-5　穿戴劳保

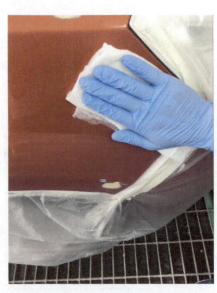

▲ 图7-6　粘尘布清洁工件表面

(4) 步骤四，固化剂、稀释剂配比　按照产品调配要求，添加合适分量的固化剂和稀释剂。搅拌均匀后用专用的面漆过滤网（图7-7）过滤并加入喷枪。双组分纯色面漆一般使用口径为1.4mm的重力式喷枪或1.6mm的吸力式喷枪。

(5) 步骤五，调试喷枪　按照涂料产品的要求和喷枪厂商的资料正确调试喷枪，即在试喷纸上调试喷枪的喷幅，一般整喷时将喷枪扇面调整至15~20cm（图7-8），喷枪的枪尾气压设置见表7-5。修补喷涂时将喷枪扇面调整至10~15cm，喷枪的枪尾气压缩小至100~200kPa，出漆量也需要相应地减少。

▲ 图7-7 面漆过滤网

▲ 图7-8 调试喷枪

表7-5 喷枪的枪尾气压设置（一）

喷　　枪	枪尾气压/kPa
传统喷枪	300～400
低流量中气压喷枪	200～220
高流量低气压喷枪（HVLP）	180～200

（6）步骤六，喷涂操作　双组分涂料整喷时一般喷两层即可达到要求的厚度。若颜色遮盖力较差，则需喷3～4层，直到全部覆盖。喷涂时，第一层喷涂后，若无任何不良情况，应静置片刻再喷第二层，静置时间视环境温度、涂料品种而略有长短，一般待涂面不粘尘时是喷涂第二层涂料的最佳时机，具体掌握尺度可用手指轻轻抚摸用胶带封闭部分的漆膜，若湿漆膜已不沾手即可以喷涂第二层。

修补喷涂时按照从小到大的原则喷涂遮盖修补区域的中涂底漆，每层之间需要预留5～10min的闪干时间，完全遮盖后，以1:1比例添加驳口稀释剂，与剩余素色漆混合并快速搅拌均匀后向驳口部位喷涂均匀化，然后倒出混合物，使用纯驳口稀释剂继续向驳口部位喷涂均匀化至部位合格。

（7）步骤七，烘干　完成喷涂后，闪干10min左右开始烘烤面漆，一般烘烤单工序面漆需要工作表面达到60℃后保持30min。

（8）步骤八，清洗喷枪　喷枪应在使用完毕后立即进行清洗，如果不及时清洗，涂料就会干在喷枪中，导致喷枪损坏，一般先加入洗枪溶剂，用软毛刷洗净枪杯，后捏下扳机，使溶剂流出，冲洗涂料通道及喷嘴，如图7-9所示。

（9）步骤九，除遮蔽　烘烤完成后，在漆面未冷却前去除遮蔽纸、遮蔽膜和胶带等。以免面漆完全冷却后，去除胶带时车身面漆漆膜与胶带表面漆膜连在一起导致车身漆膜被剥落。

▲ 图7-9 清洗喷枪

2. 施工中的注意事项

1）双组分涂料用多少配多少，现配现用，已配置好的涂料要在供应商提供的使用时间内用完。

2）拉开前门喷漆后门时，前门内侧要求用专用的遮蔽纸加胶带封闭好，以防喷漆时产生的漆尘飞进车内，造成污染。

3）在喷漆车顶和前盖由边缘向中心移动时，注意工作服不要触及边缘已喷部位，以免造成不必要的返工。

4）遮蔽纸在喷漆后立即小心去除，注意手和工作服不要触及未干的漆面，若是强制干燥，应在漆面还是微湿的时候及时去除；若漆膜完全干燥则胶带较难去除，一是容易黏结斑点，二是漆膜可能会被胶带揭起。

5）双组分涂料中的氰酸酯漆尘对人体有害，喷漆时要在通风良好的环境下进行，并做好个人安全防护，如穿工作服、戴防护面具等。

6）喷漆完毕后应立即清洗喷漆工具，以免黏结。

7）双组分涂料喷涂后可自干，也可以低温烘烤强制干燥，一般在20℃时经16h（隔夜）可投入使用，60℃（金属温度）时经30min烘烤，冷却后可投入使用，但彻底固化则需一周时间，具体产品应参照供应商要求。

五、双工序面漆的施工

双工序金属漆喷涂时的施工、操作要求与单工序纯色漆基本一致。

(1) 步骤一，安全防护　穿防静电工作服、安全鞋，戴供气式防护面罩、安全眼镜、耐溶剂手套和耳塞等。

(2) 步骤二，检查工件表面质量　面漆是最终涂层，所以在准备喷涂前，一定要认真仔细检查工件表面的质量，如砂痕、凹坑等缺陷，以确保面漆的最终质量。

(3) 步骤三，固化剂、稀释剂配比　按照产品调配要求，添加合适的稀释剂。搅拌均匀后用专用的面漆过滤网过滤并加入喷枪。双工序素色面漆一般使用口径为1.3～1.4mm的重力式喷枪或1.4～1.6mm的吸力式喷枪。

(4) 步骤四，清洁　按厂商要求，在喷涂面漆前，要对工作表面进行脱脂、除尘清洁。一般采用一干一湿进行清洁，即用两块专用清洁布，一块用清洁剂润湿擦拭工件表面，然后立即用另一块干清洁布擦干。也可以将清洁剂喷涂在工件表面上，然后用干清洁布擦干。使用清洁布对工件表面清洁后，再使用粘尘布去除工件表面的纤维、灰尘等细小杂质，以减少面漆的脏点。

(5) 步骤五，调试喷枪　按照涂料产品的要求和喷枪厂商的资料正确调试喷枪，即在试喷纸上调试喷枪的喷幅，一般整喷时将喷枪扇面调整至15～20cm，喷枪的枪尾气压设置见表7-6。修补喷涂时将喷枪扇面调整至10～15cm，喷枪的枪尾气压缩小至100～200kPa，出漆量也需要相应地减少。

(6) 步骤六，底色漆喷涂操作　对整喷来说，一般整板喷涂2～3层底色漆，每一层之间需要5～10min的闪干时间，然后再喷下一层，也可以通过底色漆表面光泽判断，当表面光泽降至哑光时即可喷涂下一层。对于双工序的银粉漆、珍珠漆，需要在底色漆完全遮盖住中涂底漆后,再薄喷一个雾喷层,以调整银粉、珍珠颗粒的排列,使颜色与原厂漆效果类似。再闪干 5~10min 后喷涂清漆。

表 7-6 喷枪的枪尾气压设置(二)

喷枪	枪尾气压/kPa
传统喷枪	第一遍(第二遍)遮盖涂层 300~400 最后一层雾喷层 200
低流量中气压喷枪	第一遍(第二遍)遮盖涂层 200~250 最后一层雾喷层 150
高流量低气压喷枪(HVLP)	第一遍(第二遍)遮盖涂层 130~180 最后一层雾喷层 110~120

修补喷涂时按照从小到大的原则喷涂遮盖修补区域的中涂底漆,每层之间需要预留 5~10min 的闪干时间,完全遮盖后,向驳口部位喷涂至没有过渡痕迹和色差。

(7)步骤七,清漆喷涂 喷涂清漆的作用在于保护底色漆、银粉漆和珍珠漆,抗紫外线及提高光泽度,使车体显出饱满、艳丽的色泽。

底色漆完成后,再根据产品特性进行充足的时间闪干后,就可以进行清漆的喷涂。

在确保底色漆干燥后,可以用粘尘布清洁工作表面的灰尘及除去喷涂底色漆时的雾喷漆尘。

按照清漆产品的调配要求,添加合适的固化剂和稀释剂。调配并搅拌均匀后用过滤网过滤后加入喷枪。

按照清漆产品的要求和喷枪厂商的资料正确调试喷枪,即在试喷纸上调试喷枪的喷幅,一般整喷时将喷枪扇面调整至 15~20cm,喷枪的枪尾气压设置见表 7-7。修补喷涂时将喷枪扇面调整至 10~15cm,喷枪的枪尾气压缩小至 100~200kPa,出漆量也需要相应地减少。

表 7-7 喷枪的枪尾气压设置(三)

喷枪	枪尾气压/kPa
传统喷枪	300~400
低流量中气压喷枪	200~250
高流量低气压喷枪(HVLP)	180~200

当喷涂清漆时,通常的喷法是先以 1/2 重叠中湿喷涂一层,闪干 5~10min,在工件相邻遮蔽纸上进行指触测试,所喷涂清漆可指触时,再以 3/4 重叠全湿喷涂一层。两层之间的闪干时间非常重要,连续喷涂过厚会导致溶剂挥发时产生溶剂泡、针孔和失光等缺陷。

修补喷涂时按照从小到大的原则喷涂遮盖修补区域,第一层中湿喷涂于底色漆区域,经过 5~10min 的闪干后,第二层扩大并使用全湿喷涂,以 1∶1 比例添加驳口稀释剂,与剩余清漆混合并快速搅拌均匀后向驳口部位喷涂均匀化,然后倒出混合物,使用纯驳口稀释剂继续向驳口部位喷涂均匀化至部位合格。

(8) 步骤八，烘干　一般来说，闪干 10min 后开始烘烤清漆，在工件表面温度达到 60℃后，烤干清漆的时间为 30min。

(9) 步骤九，清洗喷枪　使用完毕后应该立即清洗。

(10) 步骤十，除遮蔽　烘烤完成后，在漆面未冷却前去除遮蔽纸、遮蔽膜和胶带等。以免面漆完全冷却后，去除胶带时车身面漆漆膜与胶带表面漆膜连在一起导致车身漆膜被剥落。

六、三工序珍珠漆喷涂

三工序珍珠漆喷涂有三种不同类型，纯底色漆、纯珍珠漆、清漆，各工序油漆调配比例参照油漆供应商资料。喷涂操作除参照面漆施工双工序流程及要求外，还有以下施工注意事项：

1）当喷涂纯底色漆覆盖底漆时，每层喷涂间隔时间需根据涂料黏度、环境而定，需使用粘尘布清洁每层的漆尘。当使用粘尘布时，每层纯底色漆需要干燥。

2）确保底色漆干燥后约 30min 左右，然后喷涂 3~4 层纯珍珠漆，视车底颜色决定，当喷涂纯底色漆覆盖底漆时，喷枪距离、气压及每层喷涂间隔时间参照产品说明，需使用粘尘布清洁每层的漆尘。当使用粘尘布时，每层纯底色漆需要干燥。

3）因经过多层纯色漆及纯珍珠漆喷涂后，漆膜厚度增加，从而溶剂挥发减慢，因此喷涂清漆的静置时间延长，确保珍珠漆干燥后约 30~60min，而且视天气温度决定，天气冷干燥时间更长。

4）为了保证颜色准确，三工序珍珠漆喷涂前应制作分色试色板比色。

三工序珍珠漆喷涂步骤：

(1) 步骤一，颜色层的喷涂　颜色层必须完全遮盖中涂底漆，在修补操作中，喷涂范围应逐渐扩大，每一层之间必须保证充分干燥时间。最后一层可添加适当的接口稀释剂，喷涂时逐渐向外延伸，从而形成平滑的晕色区。

(2) 步骤二，底层清漆的喷涂　按照厂家产品说明调配底层清漆。调配完成后在修补范围薄喷 1~2 次，保证晕色区域珍珠排列均匀。

(3) 步骤三，珍珠层的喷涂　按照制作分色试色板时确定的层数喷涂，喷涂时逐渐向外延伸，达到颜色一致。

七、水性漆的喷涂

(1) 步骤一，安全防护　穿防静电工作服、安全鞋，戴面罩（供气式防护面具或活性炭防护面罩）、安全眼镜、耐溶剂手套和耳塞等。

(2) 步骤二，检查工件表面质量　面漆是最终涂层，所以在准备喷涂前，一定要认真仔细检查工件表面的质量，如砂痕、凹坑等缺陷，以确保面漆的最终质量。

(3) 步骤三，稀释剂配比　按照产品调配要求，添加合适分量的水性漆稀释剂。与溶剂型底色漆不同，通常水性漆以质量比添加稀释剂，添加比例一般为 10%~30%。调配并搅拌均匀后，用水性漆专用过滤网过滤后加入水性漆专用喷枪。因为水性漆会溶解普通过滤网的黏结用胶水，所以需要使用水性漆专用的 125μm 网眼的尼龙过滤网过滤。

(4) 步骤四，清洁　按厂商要求，在喷水性漆前，使用水性清洁剂和溶剂型清洁剂进行两次清洁。一般采用一干一湿进行清洁，即用两块专用清洁布，一块用清洁剂润湿擦拭工件表面，然后立即用另一块干清洁布擦干。也可以将清洁剂喷涂在工件表面上，然后用干清洁布擦干。使用清洁布对工件表面清洁后，再使用粘尘布去除工件表面的纤维、灰尘等细小杂质，以减少面漆的脏点。

（5）步骤五，调配喷枪　按照产品要求及使用的喷枪特性选择合适的水性漆喷枪，一般来说，水性漆使用口径为 1.2~1.3mm 的面漆喷枪喷涂，为了有利于环保和节约油漆，建议使用高流量低气压的环保喷枪，按照产品要求及所使用喷枪的特性正确调配喷枪。喷枪气压（枪尾气压）的设置见表 7-8。

表 7-8　喷涂水性漆的喷枪气压设置

喷　　枪	枪尾气压/kPa
传统喷枪	第一遍（第二遍）遮盖涂层 300~400 最后一层雾喷层 200
低流量中气压喷枪	第一遍（第二遍）遮盖涂层 150~200 最后一层雾喷层 120~150
高流量低气压喷枪（HVLP）	第一遍（第二遍）遮盖涂层 150~200 最后一层雾喷层 100~120

喷枪具体设定参数需要参照涂料厂商产品资料及喷枪厂商产品使用资料。

（6）步骤六，喷涂作业　纯色水性漆遮蔽力较好，通常喷一个双层即可；对于银粉或珍珠色漆，先喷一个双层，再喷涂雾喷层。对于颜色遮盖力相对较弱的银粉或珍珠色漆，需喷两个双层，再喷一个雾层。每喷涂一个双层后，都需要使用吹风枪以大约 45°斜吹工件表面，将水性漆吹干至哑光状态，通常吹 2~3min 即可吹干。水性漆在温度 25℃、相对湿度小于 70% 的情况下干燥速度最快。如果可能，可以在车间安装一个温度湿度计，以根据当时的温度、湿度情况来判断水性漆所需要的时间。

（7）步骤七，必要时补喷　喷涂底色漆吹干后如发现尘点，可用 P1000 号筛的精棉砂纸打磨，打磨好之后，在打磨区再补喷一层水性漆。

（8）步骤八，清漆喷涂　在水性漆吹干后，实施清漆涂装作业。

（9）步骤九，烘干　烘烤具体条件参照具体产品说明书。一般来说，烘干双工序面漆同样需要工件表面达到 60℃ 后保持 30min，设定烤漆房时同样需要考虑升温时间，设定时间应包括升温所需时间加上烘烤所需的 30min。

（10）步骤十，除遮蔽　在车漆未冷却前除遮蔽。

八、车身涂装实例

对于整车喷涂的路线没有一个硬性规定或规则。有许多不同的喷涂程序方案，每个操作人员也有自己的操作思路，但是有一点是一致的，即如何防止喷涂时产生的漆尘落到已喷涂的涂面上，以及喷涂时保持底材的湿润度。喷涂程序的正确运用对喷涂获得效果是极为重要的，目前汽车修理厂使用下降式（空气由房顶进入，由地槽排出）通风喷漆房较为普遍，喷涂的走枪顺序如图 7-10 所示。

1）喷涂车顶。
2）喷涂后盖及后围钣。
3）喷涂一侧后翼子板、后门、前门和前翼子板。
4）喷涂发动机舱盖、前围板。
5）喷涂驾驶室一侧的前翼子板、前门、后门和后翼子板。

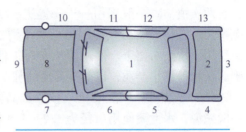

▲ 图7-10　整车喷涂的路线

任务实施

1. 任务准备

任务所需的资料、设备和工具见表7-9。

表7-9　任务准备

所需防护	专用喷涂工作装、抗溶剂手套、防毒面具、安全鞋等
所需材料	除尘布、脱脂布、脱脂剂、遮蔽纸及胶带、色漆及配套的固化剂与稀释剂、中途处理已完结的汽车翼子板
所需工具	气体吹风枪、面漆喷枪、高压气管、滤网漏斗、喷涂架、烤漆房等

2. 施工工艺流程

根据汽车漆的类型来选用合适的面漆施工工艺流程，完成翼子板的面漆涂装作业，并完成以下作业。
1）简述在面漆施工前做了哪些的准备工作。有没有必要做这些准备工作。为什么？
2）请写出实施面漆施工的工艺流程。

评价总结

1. 小组评价（表7-10，总分50分）

表7-10　小组评价表

操作项目	考核内容	评分标准	配分	扣分	得分
考前准备	作业时着装整齐，防护齐备，一次性备齐所需工具	酌情扣分	5分		
操作步骤	1）部件的安全防护 2）设备及工具使用正确 3）流程符合工艺规范 4）涂装质量	某项未做不给分，操作方法不当扣2分	25分		
文明操作	操作有序、规范	酌情扣分	5分		
安全操作	无机具、人身事故	酌情扣分	10分		
7S管理	整理工具、清洁场地	酌情扣分	5分		
总计					

2. 教师总体评价（总分 50 分）

学生评价	
教学效果	
教学不足	
整改措施	

项目习题

一、判断题

1. 同传统的喷枪相比，HVLP 能更好地利用涂料。（   ）
2. 喷枪调试的喷雾流痕长度基本一致，说明喷雾流是均匀的。（   ）
3. 喷枪调试的喷雾流痕中间长两边短，说明涂料流量大、气压高，应调节针塞调节螺钉。（   ）
4. 喷涂技术与喷枪移动速度、喷涂距离和喷涂路线等无关。（   ）
5. 通常的做法是将色漆和稀释剂调配好之后，再加入固化剂调整黏度。（   ）
6. 同一种涂料，冬季比夏季显得稠。（   ）
7. 双组分涂料第一层喷涂后，若无任何不良情况，应静置片刻再喷第二层。（   ）
8. 通常水性漆用水性漆专用过滤网过滤后再加入水性漆专用喷枪。（   ）
9. 对于颜色遮盖力相对较弱的银粉或珍珠色漆，需喷两个双层，再喷一个雾层。（   ）
10. 水性漆的最大优点是 VOC 排放量小，其排放量约为溶剂型漆的三分之一。（   ）

二、选择题

1. 下列关于面漆的作用，叙述不正确的是（   ）。
    A. 装饰作用　　　　　B. 保护作用　　　　　C. 填充作用
2. 水性漆通常以质量比添加稀释剂，添加比例一般为（   ）。
    A. 3%～8%　　　　　B. 10%～30%　　　　C. 35%～50%
3. 水性漆专用漏斗网眼为（   ）。
    A. 90μm　　　　　　B. 125μm　　　　　　C. 150μm
4. 水性漆每层喷涂完成后，需要使用专用吹风枪与板件表面呈（   ）角吹干后才能进行下一层喷涂作业。
    A. 30°　　　　　　　B. 45°　　　　　　　C. 60°
5. 烘干面漆需要工件表面达到（   ）后保持 30min。
    A. 60℃　　　　　　 B. 80℃　　　　　　 C. 90℃

项目八
涂装常见问题及其对策

项目描述

通过本项目的学习,使学生了解在整个喷涂过程中必须考虑的因素,涂膜缺陷产生的原因,以及预防和解决涂膜缺陷的方法。

任务　常见漆膜缺陷及其防治

1. 了解常见漆膜的缺陷原因及其预防措施。
2. 重点掌握漆膜缺陷的解决方法。

现有一辆车的左后门喷涂完毕，出现了流挂、针孔等涂装常见的漆膜缺陷，请分析出现这些漆膜缺陷的原因，针对具体漆膜缺陷提出解决方案及以后涂装预防措施。

涂装生产过程中产生的缺陷主要取决于涂料、车身喷涂工艺及其设备和涂装环境等因素。以下是涂装常见的漆膜缺陷。主要从缺陷原因、预防措施及解决办法三个方面详细介绍。

一、流挂

流挂是指汽车的膜在垂直和斜面上，形成不均匀的条纹和流挂下垂状态，如图8-1所示。

1. 缺陷原因

1）喷枪距离喷涂面太近，移动速度过慢。
2）涂料黏度太低，一次喷涂过厚，喷涂间隔晾干时间不足。
3）喷涂气压过低或喷幅太小。

2. 预防措施

1）喷涂物体表面时控制喷枪距离在15~20cm，恒定速度。
2）检查涂料黏稠度及喷涂气压。
3）控制各层之间的晾干时间。

▲ 图8-1　流挂

3. 解决办法

1）漆膜彻底干燥后，用较细的砂纸（P1500~P2000号筛）湿磨后抛光。
2）若细磨后未达到理想效果，就要再次进行底材处理，重新喷涂。

二、橘皮

橘皮是指涂层表面凹凸不平形成像橘子皮一样的纹理，如图 8-2 所示。

1. 缺陷原因

1）喷涂环境温度过高，稀释剂挥发过快使漆膜不能流平。

2）涂料黏度大，造成漆膜过厚难以流平。

3）喷枪喷涂时速度过快，距离过远。

2. 预防措施

1）根据温度的变化正确选用快干、慢干、标准干的稀释剂并按照说明书比例调配。

2）正确使用喷枪，把握好速度、距离、气压及喷幅等。

▲ 图 8-2　橘皮

3. 解决办法

如果轻微橘纹，可用水砂（P1000～P2000 号筛）打磨后进行抛光。纹理严重，则应该按涂装流程用砂纸打磨掉纹理后重新喷漆。

三、针孔

针孔是指涂膜上有针眼状凹坑，且深达到底层，如图 8-3 所示。

1. 缺陷原因

1）漆膜黏度高，漆料一次性喷涂过多，喷涂间隔时间过短造成溶剂未能完全挥发。

2）喷涂后晾干不充分，烘干温度过高，使表面干燥过快。

2. 预防措施

1）按正确的配比加入溶剂调试涂料。

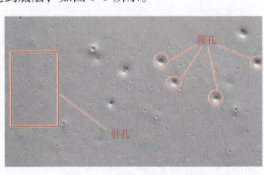

▲ 图 8-3　针孔

2）烘干漆面有足够的干燥时间。

3）底漆完全干燥后再进行下道工序。

3. 解决办法

1）当针孔较少时，可用砂纸打磨再次喷涂。

2）情况严重针孔过多，且又比较深，应将漆膜上的针孔研磨掉，重新涂装。

四、起泡

起泡是指喷涂作业过后，表面出现的小泡，如图 8-4 所示。

1. 缺陷原因

1）各涂层之间附着力差，或者被涂工件清洁工作不到位。

2）潮湿的工作环境也会引起涂层起泡。

2. 预防措施

1）喷涂前应清洁物体表面。

2）尽量避免在湿度较高、水分较大的环境进行涂装工作。

▲ 图8-4 起泡

3. 解决办法

除去受损面的气泡，按工艺流程修补。

五、咬底

咬底一般发生在刚喷涂漆面层与旧漆面层的驳口处，如图8-5所示。

1. 缺陷原因

1）中间涂料或漆层之间不配套。

2）底漆或腻子干燥不彻底。

2. 预防措施

确保底层涂料干透后再喷涂面漆。

3. 解决办法

清除咬底部位的漆膜，并细磨平整，然后重新喷涂面漆。

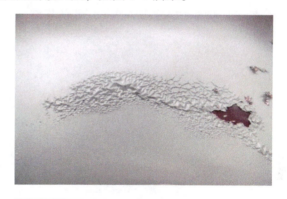

▲ 图8-5 咬底

六、砂痕

砂痕是指漆面可以看到砂纸打磨的痕迹。

1. 缺陷原因

1）打磨底漆或腻子所选用的砂纸太粗。

2）划痕较深处，使用溶剂过量，也会使得划痕明显。

2. 预防措施

1）按砂纸从粗到细的顺序使用。

2）打磨平整后用填眼灰进行刮涂，待涂层干燥后，采用800号筛的砂纸进行细磨。

3. 解决办法

如果是较轻的砂纸划痕，可采用1200~1500号筛的水砂纸打磨，然后用抛光蜡进行抛光。砂痕严重则需要彻底打磨后重新喷涂漆面。

七、龟裂

龟裂是指表面收缩，形成不同条状的裂纹，如图8-6所示。

1. 缺陷原因

1）涂层太厚。

2）没有打磨和填平好旧涂层面上的裂纹。

3）在冷热交替操作下，涂层之间因收缩、膨胀而导致开裂。

2. 预防措施

严格按照产品制造商的要求进行施工。

3. 解决办法

裂纹彻底打磨平整，重新喷涂。

▲ 图8-6 龟裂

八、痱子

痱子是指漆面呈现出小凸点形状的疙瘩，如图8-7所示。

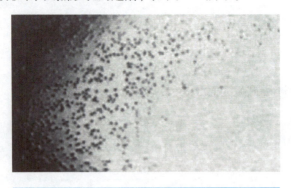

▲ 图8-7 痱子

1. 缺陷原因

1）调料工具不清洁。

2）第一道喷完后溶剂没有足够的时间挥发就进行第二道喷涂。

3）喷涂完后静置时间过久又高温烘烤漆面。

2. 预防措施

1）调料工具必须干燥清洁。

2）低温烘烤温度控制在70℃以下。

3）漆膜不能过厚，特别是局部漆膜。

3. 解决办法

漆膜干透后用砂纸打磨平整光滑，清洁被喷涂物表面，重新喷涂。

九、变色

变色是指漆面干燥后，出现泛黄等变色现象。

1. 缺陷原因
烘烤温度过高或时间过长造成的。

2. 预防措施
严格按照涂料制造商的要求设置烘烤温度和时间。

3. 解决办法
漆膜完全干透后进行细砂打磨平滑，重新喷涂。

十、金属银粉不均匀

喷涂后银粉分散不均匀，导致有深浅不一的漆面现象。

1. 缺陷原因
1）涂料溶剂配方比例不对。
2）喷枪操作不对。
3）漆膜之间的晾干时间不足。

2. 预防措施
1）按制造商的调配比例。
2）喷枪操作娴熟，湿喷涂时漆层的晾干时间充足。

3. 解决办法
漆膜干燥后打磨平整光滑，重新喷涂。

1. 任务准备
任务所需的资料、设备和工具见表8-1。

表8-1 任务准备

所需资料	《汽车涂装技术》项目八
所需材料	除尘布、脱脂布、脱脂剂、清洗剂、门皮或者翼子板、色母
所需装备	工作装、橡胶手套、防毒口罩、防护眼镜、重力式喷枪

2. 完成下列各项任务
1）翼子板喷涂完后出现流挂的现象是（　　）造成的。
A. 喷枪流量过大、距离过近　B. 选用砂纸型号不对　C. 被涂物时清洁工作不到位
2）翼子板喷涂完后出现砂痕的现象是（　　）造成的。
A. 喷枪流量过大、距离过近　B. 选用砂纸型号不对　C. 被涂物时清洁工作不到位

评价总结

1. 小组评价（表 8-2，总分 50 分）

表 8-2 小组评价表

操 作 项 目	考 核 内 容	评 分 标 准	配分	扣分	得分
考前准备	作业时着装整齐，防护齐备，一次性备齐所需工具	酌情扣分	5 分		
操作步骤	1）部件的安全防护 2）设备及工具使用正确 3）流程符合工艺规范 4）记录结果并进行分析	某项未做不给分，操作方法不当扣 2 分	25 分		
文明操作	操作有序、规范	酌情扣分	5 分		
安全操作	无机具、人身事故	酌情扣分	10 分		
7S 管理	整理工具、清洁场地	酌情扣分	5 分		
总计					

2. 教师总体评价（总分 50 分）

学生评价	
教学效果	
教学不足	
整改措施	

项目习题

一、判断题

1. 出现流挂的现象是因为喷枪距离喷涂面太近，移动速度过慢。（   ）
2. 涂装出现橘皮一定是喷枪喷涂时速度过快、距离过远造成的。（   ）
3. 出现金属银粉不均匀的漆膜缺陷的解决办法只有待漆膜干燥后打磨平整光滑，重新喷涂。（   ）
4. 严格按照涂料制造商的要求设置烘烤温度和时间是预防漆膜变色的重要举措。（   ）
5. 调料工具不清洁干净是漆面呈现出小凸点形状疙瘩的唯一原因。（   ）
6. 没有打磨和填平好旧涂层面上的裂纹是出现龟裂缺陷的原因之一。（   ）
7. 按从粗到细的顺序使用砂纸是避免出现砂痕的预防措施之一。（   ）

8. 咬底一般发生在刚喷涂漆面层与旧漆面层的驳口处。（ ）

9. 各涂层之间附着力差，或者被涂物清洁工作不到位是出现漆膜起泡的原因。（ ）

10. 按正确的配比加入溶剂调试涂料或烘干漆面有足够的干燥时间是避免漆膜上有针眼的重要措施。（ ）

二、实操练习题

通过了解以上的漆面缺陷知识后，进行喷涂实操，若出现漆膜缺陷，在实习老师的指导下，进行原因分析并有针对性地解决缺陷问题，提高涂装技能。

项目九
塑料件的涂装

项目描述

通过本项目的学习，使学生熟悉面漆的作用及施工工艺流程，掌握面漆施涂的操作要领，具备对受损车身损伤区进行面漆涂装的技能。

任务一　汽车塑料件的概述

任务目标

1. 了解汽车塑料部件的特性。
2. 了解常用塑料底漆。
3. 了解塑料部件的面漆喷涂方法。

任务描述

随着近年来汽车塑料件的广泛应用，对于一个汽车喷漆工来说，了解汽车塑料件的喷涂是一件很重要的课程。现有一辆五菱之光新车前后保险杠需要进行塑料件涂装，下面介绍涂装过程。

知识储备

一、汽车上塑料件的使用部位及喷涂工艺流程

汽车塑料件的喷涂工艺流程如下：损伤区域打磨—化学处理—除尘—喷底漆—色漆/金属闪光漆—罩光清漆—烤漆—交验。汽车上塑料部件位置图如图9-1所示。

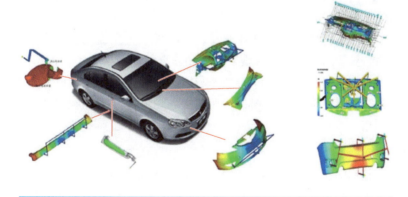

▲ 图9-1　汽车上塑料部件位置图

二、汽车塑料件的涂装特点

（1）汽车内用外用塑料件的涂装区别　内用塑料件一般采用半光泽或完全无光泽涂装，其方法是将涂料中加入一定比例的平光剂；而外用塑料件有的采用有光泽涂装，有

的采用无光泽涂装，视具体情况而定。

(2) 硬性和软性塑料件涂装的差异　由于软塑料件本身就具有韧性，所用的涂料基本上都是烘烤型弹性磁漆。所谓的弹性是指涂膜具有强大的柔韧性，类似弹性体，它可以折叠、弯曲和拉伸，还可以恢复到原来尺寸和形状而不被破坏，这样的效果得益于使用加了柔软剂的专用涂料。

(3) 一般汽车塑料常用的材料　前保险杠、前格栅、车门嵌条、侧面门槛嵌板、后保险杠等用 PP 材料，反光镜用 ABS 材料，门外手柄用 PC 材料，车顶嵌条用 PVC 材料，不同的厂家在选用时可能会视自己的生产情况略有差异。

平均一辆汽车约有 750 个塑料零部件，只有少数零部件需要喷涂。

三、喷涂塑料件准备

按照塑料件制品的质地软硬程度，一般分为硬质塑料（如车身用 ABS 塑料、玻璃钢等，ABS 塑料由苯乙烯、苯烯腈和丁二烯乳浆聚合而成）和软质塑料（如聚丙烯 PP、聚氨酯 PU 等），在更换部件时，零件厂提供的部件有一些可能是涂有底漆的，而相当一部分是不涂底漆的。对于已经涂有底漆的部件，在一些处理时，可直接喷涂中涂底漆或面漆；而对于没有涂有底漆的零部件，无论是硬质还是软质的，都应使用专门的塑料底漆进行喷涂或用乙烯清洗式涂料进行覆盖，以提高塑料件表面的附着力。

四、塑料件涂装用材料

1. 塑料表面清洗剂

塑料表面清洗剂的作用是清除塑料件表面的脱模剂，增强对涂料的附着力。使用时，先用打磨布彻底清洁塑料件表面，再用一份清洗剂与 2～4 份水混合后的混合液清洗整个工件，然后用水清洗干净，待工件完全干燥后才可喷涂塑料底漆。

2. 塑料平光剂

为消除汽车内部塑料件一定程度的光泽，并呈现半光泽或完全无光泽状态，一般都采用不同光泽的涂料装饰。平光剂有聚氨酯用和非聚氨酯用两大类，选用时一定要小心。在使用时，先将喷涂面漆后的塑料件的光泽与原车的光泽做比较，以决定是否要使用平光剂，如需要先在面漆中加入平光剂，然后搅拌均匀并做喷涂样板对比试验，在光泽一致时可正式喷涂施工。

3. PVC 表面调整剂

PVC 表面调整剂的作用是对 PVC（聚氯乙烯）表面进行处理，使其有利于重涂，它由强溶剂配制而成，具有很强的渗透性，而且能软化 PVC 表面并轻微膨胀。

4. 汽车塑料用底漆

(1) 软塑料件　大多数的软塑料都要求在底漆中加入柔软剂，这样可使涂膜柔软、有韧性、不开裂。聚丙烯塑料件是一种难粘、难涂的材料，要使用专用底漆，以增强它的附着力，同时，面漆中也要加入柔软剂，否则很容易脱皮。

(2) 硬塑料件　由于涂料在硬塑料件上的附着力很强，通常不需要用底漆。但有些涂料生产厂商要求在对硬质塑料件涂装时仍然需要用到底漆，先使用溶剂清洗整个塑料件，再用400号筛的砂纸对塑料件进行整体打磨，再对整板进行面漆与清漆的涂装。

5. 涂料

对于汽车的外部零部件（如保险杠、挡泥板以及车门的镶边等）所使用的涂料，最突出的要求是耐候性，另外，也要求有更高的耐介质性和耐磨性，这类涂料多为丙烯酸聚氨酯涂料、热塑性丙烯酸涂料等。

五、塑料件的表面处理

通常，塑料件分为硬塑料（刚性塑料）和软塑料（半刚性塑料）。汽车制造厂提供的塑料备件，有的已经涂抹过底漆，有的未涂底漆。

对于未涂底漆的塑料件表面处理

应使用专门的塑料底漆、底漆密封剂或乙烯清漆来提高涂层的附着力。表面处理要先用塑料专门清洗溶剂（用的是中性洗涤剂）彻底清洗塑料件，然后将零件用清水洗净，再用无线绒的毛巾擦干。对于要喷涂底色漆的部位，用400号筛的砂纸打磨，要喷涂透明清漆的混涂区域用600号筛或更细的水砂纸打磨，或用精细的研磨垫打磨，需要修补表面不可能有可见光泽，并且要求其看上去比较幽暗，再用表面清洗剂清洗干净，最后用黏性抹布擦洗干净，然后将不需要喷涂的地方进行遮盖。另外，有些未喷涂的部件可能需要烘干处理，这要视情而定。

（1）硬件塑料的表面处理　对于新的部件，必须用干净的抹布擦蘸上酒精擦拭其表面，用去蜡除油剂清洗表面，打磨已暴露出来的玻璃纤维，手磨时，使用240号筛或280号筛的砂纸，抛光机打磨时用80号筛或120号筛的砂纸打磨。

（2）塑料件的表面处理　对于未涂过底漆的软塑料件处理方法：用湿布蘸上涂料稀释剂、脱脂，然后用硅清黏性布擦拭干净，并擦干。

（3）塑料件化学处理　汽车塑料件的化学处理是去除塑料制品上的涂、脱膜剂及分子添加剂等杂质，主要使用化学溶剂和有机溶剂两大类。虽然有机溶剂成本比化学溶剂高，但有机溶剂清洗时间比较短，处理过程简单，不需要加热及烘干，投资少，被塑料厂家广泛采用。

（4）汽车塑料件清洗剂的选择　清洗剂的选择应从对油脂、脱膜剂的清洗效果，溶剂对清洗材料的溶解情况，溶剂的毒性等方面考虑。由于塑料件的抗溶剂性能好，对溶剂溶解性没有特殊要求，附在塑料上的油脂、脱膜剂可分为物质油和矿物油两类，因而在清洗溶剂的选择上可选用极性溶剂醇、酮、酯与非极性的烃类或芳香烃类组成的混合溶剂使用。实践证明，混合溶剂有优异的脱脂效果，并且清洗后废溶液可作为不合格涂装件的脱漆剂使用，这样既降低了成本，又减少了对环境的污染。

六、汽车塑料件表面脱膜剂的清除

喷涂汽车塑料件时，应对塑料件表面进行脱膜处理，否则不久就会出现掉膜或表面脱膜现象。由于各厂家所使用的脱膜剂不同，因此脱膜需分为以下三步进行：

1）第一次进行清洗时用中性肥皂水和热水清洗零件，所用热水温度越高越好，这样才能达到去膜的效果。

2）使用涂料制造厂认可的溶剂，清洗零件。用喷壶在零件上喷清洗剂，之后用无线绒毛巾擦拭干净，等其干燥。

3）使用适度的去腊除油剂或专用清洗剂进行清洁，要达到清除剩余脱膜剂的效果。

1. 任务准备

任务所需的资料、设备和工具见表9-1。

表9-1 任务准备

所需资料	《汽车涂装技术》项目九任务一
所需材料	不涂装底漆的硬塑料（刚性塑料）和软塑料材料各一件、脱脂剂、清洗剂、配套砂纸、脱脂布
所需装备	工作装、橡胶手套、防毒口罩、防护眼镜、气动打磨机或手磨板

2. 完成下列各项任务

1）简述汽车上常使用的塑料类型有哪几类。各有哪些特点。

2）分别对其中一种塑料实施表面处理后，分别对两工件涂刮腻子，比较出实施表面处理的差异。

1. 小组评价（表9-2，总分50分）

表9-2 小组评价表

操作项目	考核内容	评分标准	配分	扣分	得分
考前准备	作业时着装整齐，防护齐备，一次性备齐所需工具	酌情扣分	5分		
操作步骤	1）部件的安全防护 2）设备及工具使用正确 3）流程符合工艺规范 4）施工质量	某项未做不给分，操作方法不当扣2分	25分		
文明操作	操作有序、规范	酌情扣分	5分		
安全操作	无机具、人身事故	酌情扣分	10分		
7S管理	整理工具、清洁场地	酌情扣分	5分		
总计					

2. 教师总体评价（总分 50 分）

学生评价	
教学效果	
教学不足	
整改措施	

任务二　塑料件的涂装施工

1. 能够对塑料件类型进行鉴别。
2. 能够对汽车保险杠进行喷涂。
3. 完成项目测验。

 任务描述

随着汽车塑料件广泛地应用，对喷漆工而言，塑料件涂装的这一技能是必不可少的。下面主要介绍汽车外用塑料件涂装基本流程。

 知识储备

一、汽车塑料件涂装施工概述

在对汽车塑料件进行喷涂施工前，首先需要知道零件是由何种塑料制成的，如果不能正确鉴别塑料类型并选择正确的修补工艺会导致漆膜附着力下降等缺陷。一般可从零件专用戳记上找到相关信息。

汽车保险杠用塑料一般分为两大类。一类为聚氨酯与其他类型塑料，另一类为聚丙烯、乙丙酸橡胶或其他塑料。聚丙烯是一种难粘、难涂的材料，因此对聚丙烯材料进行涂装，必须先采用专用塑料底漆打底，或对零件表面进行特殊处理，然后才能喷涂丙烯酸色漆。最常见的车外用聚丙烯部件是保险杠。聚丙烯保险杠的表面处理不同于钢质保险杠，要使用柔性剂，否则就会脱皮。

在实际的修复工作中，并不是所有的塑料件受损后都能实施修复作业，首先根据前述简易鉴定法鉴别保险杠覆盖层的材料是由哪一类塑料制成的，然后采用不同的方法和涂料进行施工。能实施修复作业的塑料件必须满足修补塑料件的三条基本要求：

1)油漆与塑料有一定的附着力,而又不损失力学性能。
2)油漆漆膜要有足够的柔韧性,能随着塑料变形而不会破裂。
3)能够体现有些塑料件表面原有的颗粒和粗糙的纹理。

二、塑料件涂装施工

汽车外用塑料件修复之前,首先根据前述简易鉴定法鉴别塑料件覆盖层的材料是由哪一类塑料制成的,然后采用不同的方法和涂料进行施工,一般操作流程如下:

去脱膜剂—清洁脱脂—喷塑料底漆—中涂底漆—打磨处理—面漆喷涂—烘干等。

通常一些塑料件修复涂装前,还要进行特殊的处理。按照操作规程对裸露、损伤塑料表面喷涂专用底漆及具有兼容性的底漆填料(合金腻子),然后对其进行打磨。

提示:不可使用烈性溶剂,如稀释剂或丙酮来清洗损伤的塑料表面。塑料件表面可能会受到膨胀软化。

1. 汽车外用硬性塑料件喷涂

大多数车外硬性塑料件不需要用底漆,有些涂料生产商仍建议在涂色漆前使用底漆,但不要选用磷化底漆、金属处理剂、自蚀底漆和柔软剂等。具体操作如下:

(1)表面处理 先用肥皂水清洗待修补区域,然后用清水洗净,再用面漆稀释剂或推荐溶剂进行清洗塑料件。对于需要喷涂色漆区域用400号筛的干磨砂纸打磨,需要喷涂清漆的混涂区域用600号筛干磨砂纸或更细的砂纸打磨、遮蔽,如图9-2所示。

▲ 图9-2 清洗保险杠

(2)涂料的选配与调漆 按涂料供应商或车上油漆编号选择和汽车漆面相符合的面漆、清漆,进行调色。再按稀释比例稀释涂料,如图9-3所示。

▲ 图9-3 面漆调配

（3）喷涂施工　严格按照涂装施工进行喷涂，用量的多少以全部覆盖为宜，不能太多，一般2~3层中厚湿涂层即可，待色漆干燥20min即可喷涂清漆，如图9-4所示。

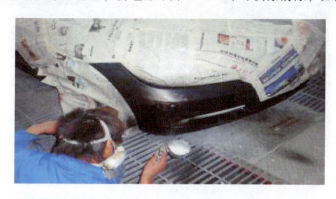

▲ 图9-4　喷涂施工

2. 汽车外用软塑料件的喷涂

对于软性塑料件的修补施工最好采用全修补的办法，这是因为整板进行打磨、清洗后对涂料的附着力极为有利，其操作工艺流程如下：

1）用热肥皂水清洗待修补区域，之后用清水清洗干净，再用涂料稀释剂清洗表面，如图9-5所示。

▲ 图9-5　清洗板件

2）将待修补的区域彻底打磨至全无光泽，形成斜面的收边。当采用电动打磨机进行打磨施工时，先用80号筛的粗砂轮，当最后进行精加工时，采用180号筛较细的砂轮，如图9-6所示。

3）混合/施涂塑料腻子。使用个人保护工具，除尘脱脂，彻底混合，刮平边缘位置。施涂塑料腻子前，使用塑料底漆增强附着性，如图9-7所示。

4）打磨塑料腻子。使用P120号筛/P240号筛的砂纸打磨腻子，使用P240号筛的砂纸去除砂纸痕，使用P320号筛的砂纸打磨周边位置，如图9-8所示。

5）除尘、脱脂。穿戴安全防护，对保险杠进行除尘、脱脂，如图9-9所示。

▲ 图 9-6　损伤区域打磨（一）

▲ 图 9-7　腻子调配

▲ 图 9-8　损伤区域打磨（二）

6）柔软添加剂。在中间漆中加入柔软剂，添加固化剂前充分搅拌，添加的量必须配合不同的中间漆，如图 9-10 和图 9-11 所示。

7）喷涂底漆/中间漆。在修补的面积上喷涂 2K 塑料底漆，留出挥发时间喷涂两层或

▲ 图 9-9 脱脂

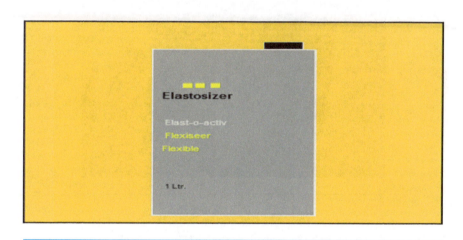

▲ 图 9-10 涂料添加剂

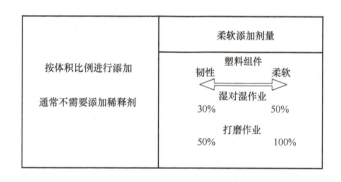

▲ 图 9-11 涂料添加剂比例

三层中间漆，采用从外至内喷涂方式，如图 9-12 所示。

8）打磨中间漆。使用打磨指示层，用 P320 号筛/P400 号筛的砂纸进行湿磨，使用打磨垫打磨周边面积，使用塑料磨砂膏抛光驳口位置，用清水冲洗干净，如图 9-13 所示。

9）面漆喷涂。在面漆中加入柔软剂，喷涂两单层油漆，第二层喷涂的面积稍微大

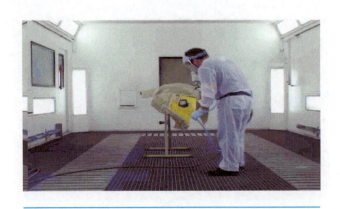

▲ 图 9-12　喷涂 2K 塑料底漆

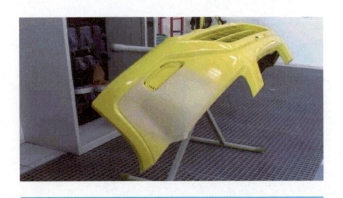

▲ 图 9-13　打磨中层底漆

于前一层，额外添加 100% 稀释剂，并进行驳口喷涂，最后使用驳口水喷涂最后一层，如图 9-14 所示。

▲ 图 9-14　面漆喷涂

10）待全部修补工作完成后，要去掉胶带，先用水洗。检查、修整保险杠，检查是否有瑕疵，适当进行抛光处理。

11）装车。

 **任务实施**

1. 任务准备

任务所需的资料、设备和工具见表 9-3。

表 9-3 任务准备

所需资料	《汽车涂装技术》项目九任务二
所需材料	处理好的前保险杠（塑料材料）、底漆（环氧、磷化、硝基）各一桶、银粉色漆（0.3L）、配套稀释剂（0.5L）、配套固化剂（0.5L）、罩光清漆（0.5L）、除尘布、脱脂布、脱脂剂、清洗剂、保险杠、打磨架、腻子、气动打磨机或手磨板配套砂纸
所需装备	工作装、橡胶手套、防毒口罩、防护眼镜、底漆刷或脱脂布

2. 完成下列各项任务

分别对硬、软塑料保险杠按照标准的工艺流程实施涂装作业，并画出工艺流程图。

 检测评价

1. 小组评价（表 9-4，总分 50 分）

表 9-4 小组评价表

操作项目	考核内容	评分标准	配分	扣分	得分
考前准备	作业时着装整齐，防护齐备，一次性备齐所需工具	酌情扣分	5分		
操作步骤	1）部件的安全防护 2）设备及工具使用正确 3）流程符合工艺规范 4）记录结果并进行分析	某项未做不给分，操作方法不当扣 2 分	25分		
文明操作	操作有序、规范	酌情扣分	5分		
安全操作	无机具、人身事故	酌情扣分	10分		
7S 管理	整理工具、清洁场地	酌情扣分	5分		
总计					

2. 教师总体评价（总分 50 分）

学生评价	
教学效果	
教学不足	
整改措施	

项目习题

一、判断题

1. 通常，塑料件分为硬塑料（刚性塑料）和软塑料（半刚性塑料）。（　　）
2. 保险杠用塑料一般分为两大类。一类为聚氨酯与其他类型塑料，另一类为聚乙烯、乙丙酸橡胶或其他塑料。（　　）
3. 油漆与塑料件有一定的附着力，而又不损失力学性能。（　　）

二、选择题

1. 塑料中，加入添加剂是为了改善其（　　），扩大其使用范围。
   A. 性能　　　　　　　B. 塑性　　　　　　　C. 强度
2. 塑料件表面处理的目的是（　　）。
   A. 表面功能化　　　　B. 表面活性化　　　　C. 表面清洁化
3. 塑料件可分为（　　）（依据塑料件与涂料的附着力）。
   A. 易附着的底材　　　B. 难附着的底材　　　C. 不附着的底材
4. 塑料件涂装的主要目的是（　　）。
   A. 装饰　　　　　　　B. 保护　　　　　　　C. 特种作用
5. 热固性塑料是指经（　　）固化后，不再受热软化。
   A. 一次　　　　　　　B. 两次　　　　　　　C 三次

三、简答题

简述汽车外用塑料件喷涂方法。

项目习题答案

项目一习题答案

一、判断题

1. ×   2. ×   3. √   4. ×   5. ×   6. ×

二、选择题

1. ABC   2. F

三、简答题

1. 劳动防护有呼吸系统的防护（过滤式呼吸器）、头部的防护（防化服自带的帽子）、眼睛的防护（护目镜）、耳朵的防护（防噪声耳塞）、手的防护（橡胶手套）、脚的防护（安全工作鞋）、身体的防护（防化围裙）这七部分。

2. 拔出灭火器手柄部位的保险销，然后一只手握持灭火器手柄，另一只手握持灭火器的喷嘴软管，靠近火源2m处，将灭火器喷嘴对准火焰根部，用力压下灭火器的手柄，喷射出灭火剂（如果松开手柄，灭火器就停止喷射）。移动喷嘴前后吹扫火焰的底部。

项目二习题答案

一、判断题

1. ×   2. ×   3. ×   4. √   5. ×   6. ×   7. ×

二、选择题

1. B   2. A   3. B   4. B

三、简答题

1. ①确定损伤区维修范围；②穿戴防护；③清除旧漆层；④打磨羽状边及毛边；⑤清洁脱油；⑥施涂环氧底漆。

2. ①干磨优缺点：打磨速度快，质量保障性好，但使用成本高、技术性要求较高。②水磨优缺点：使用成本低，但质量保障性差，易对环境造成污染。

3. ①观察法（利用光反射原理）；②打磨法（研磨对比法）；③溶剂抹涂法（溶剂溶解原理）；④加热检查法（塑料加热软硬变化）；⑤厚度测试法（仪器检测）。

项目三习题答案

一、判断题

1. √   2. ×   3. √   4. √   5. √   6. √   7. √   8. ×   9. √   10. √   11. √   12. ×

二、选择题

1. B   2. B   3. C   4. A   5. A

三、简答题

1. ①检查需要覆盖的面积；②除锈、清洁、脱脂；③涂刮腻子操作；④腻子干燥；⑤腻子干磨工艺。

2. 1）规范穿着防护，规范使用工具及设备，注意操作安全。

2）刮涂前被涂装表面必须干透，以防产生气泡或龟裂，若被涂装表面过于光滑，可用80号干磨砂子打磨。

3）腻子与固化剂混合比例正确。

4）腻子与固化剂混合后，必须在大约5min以内施涂完成。

5）涂刮时，手法要快、要稳，应在一两个来回中刮平，切不可多次来回拖拉。

6）如果需涂刮的腻子层较厚，需要进行多次涂刮时，每涂刮一道都要充分干燥，每道腻子不宜过厚，一般应控制在0.5mm以内，否则容易收缩开裂或干不透。

7）涂刮时，涂刮腻子周围板件，残余腻子要收拾干净。

8）腻子不能长期存放于敞口的容器中，以免胶黏剂变质，溶剂挥发，造成黏挂不住，出现脱落或不易涂刮等问题。

9）涂刮剩余腻子应放入指定的盛水容器里。

10）刮刀在使用以后，要立即用清洗剂（香蕉水）清洗干净再保存。

11）腻子加热干燥后，其表面温度要降到室温以后才能开始打磨。

项目四习题答案

一、判断题

1. √ 2. √ 3. √ 4. × 5. √ 6. √ 7. √

二、简答题

1. 遮蔽的工作程序及方法因需要重涂的面积和所用的涂装方法而异，也可以使用不同的遮蔽方法和材料来获得理想的遮蔽效果。①遮蔽前清洁脱脂；②贴出遮蔽边界；③遮蔽重涂区域以外的区域。

2. ①清洁和脱脂；②遮护的范围；③不可拆卸部件的遮护；④遮蔽胶带的剥落；⑤双重遮护；⑥圆面积的遮护。

项目五习题答案

一、判断题

1. √ 2. √ 3. √ 4. √ 5. √ 6. √ 7. √ 8. × 9. √ 10. √ 11. √ 12. × 13. √ 14. √

二、选择题

1. A 2. C 3. B 4. A 5. B 6. A 7. A 8. A

项目六习题答案

一、单项选择题

1. A 2. C 3. B 4. A 5. B 6. C 7. B 8. B 9. A 10. B 11. A 12. D 13. C 14. A 15. B 16. B 17. B 18. A 19. C 20. C 21. A 22. A 23. B

二、填空题

1. 密度 2. 差异（差别等） 3. 纯度（色度或色饱和度等） 4. 遮盖力

5. 高 6. 正侧（侧正） 7. 施工（喷涂或喷漆等） 8. 色度亮度（亮度色度）

9. 薄厚 10. 亮暗

项目七习题答案

一、判断题

1. √ 2. √ 3. √ 4. × 5. × 6. √ 7. √ 8. √ 9. √ 10. √

二、选择题

1. C 2. B 3. B 4. B 5. A

项目八习题答案

一、判断题

1. √ 2. × 3. √ 4. × 5. √ 6. √ 7. √ 8. √ 9. √ 10. √

二、略

项目九习题答案

一、判断题

1. √ 2. × 3. √

二、选择题

1. A 2. ABC 3. ABC 4. ABC 5. A

三、简答题

汽车外用塑料件修复之前，首先根据前述简易鉴定法鉴别塑料件覆盖层的材料是由哪一类塑料制成的，然后采用不同的方法：1）外用硬性塑料件喷涂：①表面处理；②涂料的选配与调漆；③喷涂施工。2）外用软塑料件的喷涂：①用热肥皂水清洗待修补区域，之后用清水清洗干净，再用涂料稀释剂清洗表面；②将待修补的区域彻底打磨至全无光泽，形成斜面的收边；③混合/施涂塑料腻子；④打磨塑料腻子；⑤除尘；⑥添加柔软添加剂；⑦喷涂底漆；⑧打磨；⑨面漆喷涂。

参考文献

[1] 程玉光. 汽车涂装技术 [M]. 北京：人民交通出版社，2005.
[2] 周长庚，李贞芳. 汽车涂装技术 [M]. 北京：科学出版社，2007.
[3] 中国汽车维修行业协会. 车身涂装（模块G）[M]. 2版. 北京：人民交通出版社，2014.
[4] 雍朝康. 汽车车身涂装技术 [M]. 北京：人民交通出版社，2013.